新时代
讲给
少年听

新时代讲给少年听

王炳林◎主编

文化的自信

冯留建◎编著

中原出版传媒集团
中原传媒股份公司
大象出版社
·郑州·

前言

党的十八大以来，中国特色社会主义进入了新时代，这是我国发展新的历史方位。新时代取得新成就，新时代展现新面貌，新时代涌现新典型，新时代产生新故事。

为帮助当代青少年读懂新时代，我们以“小切口”阐述“大主题”，重点选择反映党的十八大以来，广大党员干部和各族人民群众在以习近平同志为核心的党中央领导下不懈奋斗、取得辉煌成就的典型案例和鲜活故事，以点带面，总结分析，分门别类编成八卷本丛书，依次为《飘扬的党旗》《美丽的中国》《大国的担当》《人民的江山》《创新的力量》《飞扬的梦想》《共同的富裕》《文化的自信》。每卷独立成书，连贯起来又构成一个整体，全景式、系统化展现新时代党和国家事业取得的历史性成就、发生的历史性变革。

在叙述方式和语言风格方面，我们努力贴近新时代青少年的阅读习惯、接受特点，以青少年喜闻乐见的新方式、新表达进行语言“编码”，用通俗易懂的文字和形象生动的图片，讲清来龙去脉，剖析前因后果，让青少年读起来犹如身临其境，以见证者和参与者的身份感受新时代的脉搏与荣光。

我们深知，一部好的作品既要告诉读者已发生的事实，更要告诉读者事实发生的背后原因，因此，我们在书中设计了相关栏目，融入了党的二十大精神、习近平总书记相关重要论述等内容，阐释了党的十八大以来我们面对种种风险挑战乃至惊涛骇浪，之所以能解决许多长期想解决而没有解决的难题，办成许多过去想办而没有办成的大事，根本在于习近平新时代中国特色社会主义思想的科学指引，在于以习近平同志为核心的党中央的坚强领导，有助于青少年更加深刻领悟“两个确立”的决定性意义。我们力图使新时代故事既有温度又有高度，有助于青少年从新时代的伟大变革中启迪智慧、砥砺品德，收获关于青春价值和人生方向的更多思考。

青少年朋友们，你们生逢盛世，新时代为你们开启了无限广阔的发展前景，搭建了人生奋斗的出彩舞台。习近平总书记这样寄语：“希望广大青年用脚步丈量祖国大地，用眼睛发现中国精神，用耳朵倾听人民呼声，用内心感应时代脉搏，把对祖国血浓于水、与人民同呼吸共命运的情感贯穿学业全过程、融汇在事业追求中。”希望这套丛书能够成为你们在青春赛道上奋力奔跑的一份精神食粮，激励你们在新征程上自觉将爱国之情、报国之志与精进学业、锐意创新相结合，用实干诠释新时代青年的责任与担当。我们相信，实现第二个百年奋斗目标新的赶考之路，你们定能写下不负党和人民的精彩答卷！

王炳林

2023 年 8 月 20 日

目录

3 引领 文化建设 / 043

4 传承 红色基因 / 065

5 弘扬中国精神

6 无愧于时代的艺术之美

“史者，所以明夫治天下之道也。”泱泱中华，历史悠久，文明博大。在5000多年文明发展中孕育的中华优秀传统文化，在党和人民伟大斗争中孕育的革命文化和社会主义先进文化，积淀着中华民族最深层的精神追求，代表着中华民族独特的精神标识。让我们一起走进中华文化的殿堂，探寻文化基因，领略文化风采，坚定文化自信。

兴文化、展形象

01 >>> 中华优秀传统文化知多少？

国粹，是指一个国家固有文化中的精华。

中国国粹，顾名思义是指完全发源于中国，中国固有文化中的精华，是中华民族传统文化中最具有代表性、最富有独特内涵而深受人们喜爱的文化遗产。

中国国粹有很多，其中名扬中外的中国京剧、中国武术、中国书法和中国医学被世人称为中国的“四大国粹”。

中华文明是世界上唯一没有中断的既古老又年轻的文明，是人类文明灿烂星空中最绚丽的星宿。5000多年文明江河奔流，涌现出老子、孔子、庄子、孟子、屈原、李白等灿若星辰的伟大人物，诞生了《诗经》、楚辞、汉赋、唐诗、宋词、元曲、明清小说等浩如烟海的文学经典，为中华民族生生不息、薪火相传提供了精神滋养。大家印象比较深刻的中华优秀传统文化有哪些呢？下面，让我们一起揭开中国“四大国粹”的面纱，在历史中感悟文化底蕴。

◎●◎ 中国京剧

京剧是中国影响最大的戏曲剧种之一，也称为“平剧”“京戏”。我们经常在电视节目上看到，京剧演员画着不同的脸谱，在舞台上“唱念做打”，气势恢宏，精彩纷呈。

京剧的化装和扮相是非常讲究的，每一个人物都有着固定的装扮，展现着人物的身份地位、性格和命运。脸谱颜色的不同，更是代表着不同的含义：红脸含有褒义，代表忠勇；黑脸为中性，代表勇猛、智慧；蓝脸和绿脸也为中性，代表草莽英

■ 京剧脸谱

雄；黄脸和白脸含贬义，代表奸诈、凶恶；金脸和银脸表示神秘，代表神妖。

你知道中国京剧的四大名旦吗？他们分别是梅兰芳、程砚秋、尚小云、荀慧生，是我国京剧旦角行当中四大艺术流派的创始人。其中，梅兰芳大家应该都听说过，他的表演以雍容华贵、典雅清新而艺压群芳，塑造了《宇宙锋》的赵艳容、《霸王别姬》的虞姬、《贵妃醉酒》的杨玉环、《凤还巢》的程雪娥等一个个华美形象。

◎●◎ 中国武术

武术在我国有着悠久的历史。大家可能都听说过少林寺，它因其历代武僧潜心研创和不断发展的少林功夫而名扬天下，素有“天下功夫出少林，少林功夫甲天下”之说。后来，电影《少林寺》以此为题材，在中国乃至世界影坛掀起了一股武术电影热潮。影片中表演的中国传统武术，无论是拳术，还是刀、枪、棍、棒等十八般武艺，都是真功夫，让观众全面领略到了中国熠熠闪光的武术魅力。

电影《一代宗师》大家看过吗？该片讲述了一代武学宗师叶问的传奇人生。叶问所练的是咏春拳，属中国武术中南

在少林寺千年银杏树下习武

拳之一种。叶问毕生的成就，是将咏春拳从原本秘而不传的教授方式，调整为简单通俗、浅显明了的教授方式，开宗立派，使之成为一系名拳。后来，其子弟（梁挺等人）通过完整的拳术课程体系将咏春拳广泛传扬开来，蜚声国际、载誉全球，为中华武术在全世界的发扬光大起到了重要的作用。

◎●◎ 中国书法

书法是中国特有的传统文化艺术，博大精深，历史悠

■ 文房四宝

久，被誉为中华文化的名片。提到书法，你会想起什么呢？那就是汉字。

大家想一下，在纸发明之前，古人可以把字写在哪里呢？写在龟甲、兽骨、钟鼎、竹简、木牍、缣帛、玉器、石器上，纸张发明后，书写就变得容易多了。古人使用锲刀、刻刀和毛笔将文字刻写于这些材料之上，书法作品随之产生。

大家听说过文房四宝吗？它们都有哪些呢？文房四宝是中国独有的书法绘画工具，即笔、墨、纸、砚。“文房”之名，起源于我国南北朝时期（420—589年），专指文人书房而言，因为笔、墨、纸、砚为文房所常用，而被人们誉为“文房四宝”。文房用具除“四宝”以外，还有笔筒、笔架、墨床、墨盒、臂搁、笔洗、镇纸、水丞、水勺、砚滴、砚匣、印泥、印盒、裁刀、图章、卷筒等，这些也都是书房中的必备之品。种种文房器用，古人书斋案头朝夕相对，不仅成为书写和传情达意的载体，更凝聚着文人的格调和精神。

◎●◎ 中国医学

提起中医，你会想到什么呢？是端午节熏的那束清香的艾草，重阳节温的那壶甘甜的菊花酒，还是冬至时调的一盏扶正的膏方？作为中华民族原创的医学科学，中国医学凝聚着几千年来中国人与疾病抗争的智慧。

回首中医药发展的历史长河，神农尝百草、扁鹊创“望闻问切”四诊合参、张仲景立辨证论治理论体系、华佗创治

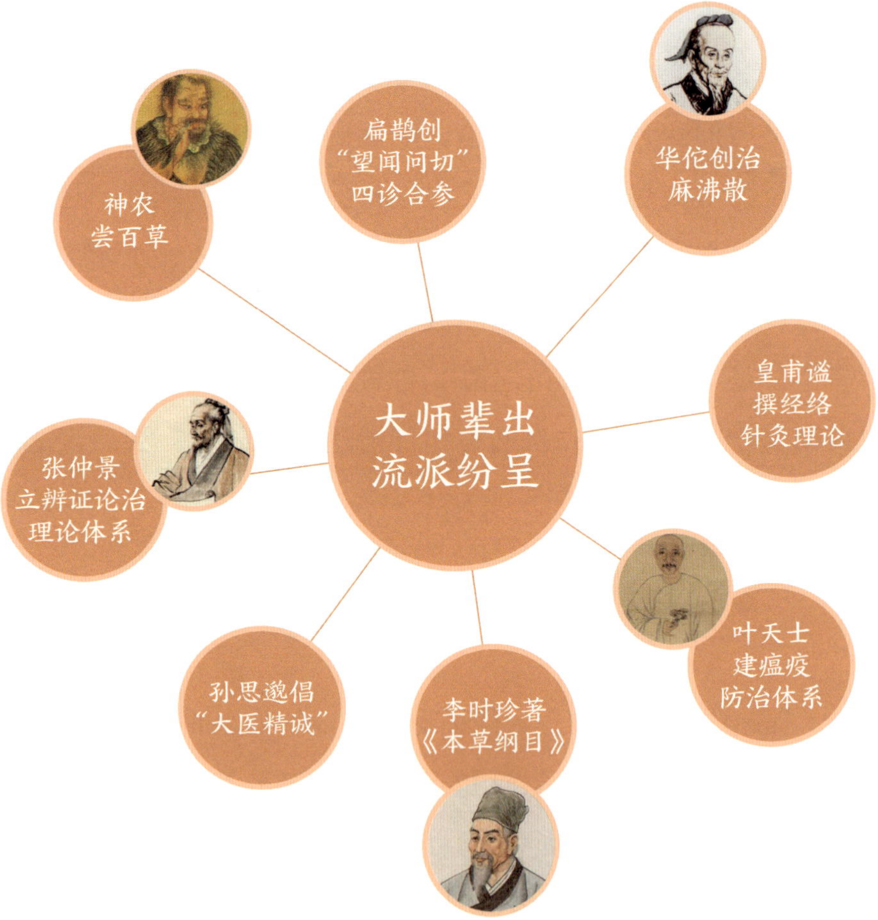
大师辈出
流派纷呈
神农
尝百草
扁鹊创
“望闻问切”
四诊合参
华佗创治
麻沸散
皇甫谧
撰经络
针灸理论
张仲景
立辨证论治
理论体系
孙思邈倡
“大医精诚”
李时珍著
《本草纲目》
叶天士
建瘟疫
防治体系

麻沸散开手术之先河、皇甫谧撰经络针灸理论、孙思邈倡“大医精诚”、李时珍著《本草纲目》、叶天士建瘟疫防治体系……时至当代，大师辈出，流派纷呈。

李时珍采药

2020年年初，一场突如其来的新冠肺炎疫情肆虐，让我们的世界一度戛然“停摆”。我们看到，中医药在疫情防控中做出的独特贡献。疫情发生以来，以张伯礼为代表的中医人在此次抗疫中深度参与诊疗全程，提出“中药漫灌”治疗方法，为抗疫“中国方案”贡献出中医药力量。

02 >>> 走进革命圣地

你知道中国的革命圣地有哪些吗？浙江省的嘉兴、江西省的井冈山、贵州省的遵义、陕西省的延安、河北省的西

革命文化，是中国共产党领导中国人民在伟大斗争中构建的文化，它以马克思主义为指导，以“革命”为精神内核和价值取向，继承中华优秀传统文化，借鉴世界优秀文明成果，是具有鲜明中国特色的先进文化。它是革命实践的伟大创造，是中国革命事业的精神遗产和文化传承，是中国共产党人和广大人民群众优良传统和品格风范的集中体现，是推进中华民族伟大复兴的强大精神动力。它起源于五四新文化运动和中国共产党成立，形成于新民主主义革命时期，丰富发展于社会主义革命和建设时期以及改革开放和社会主义现代化建设新时期。

柏坡等，都是著名的革命圣地。从中国共产党成立到中华人民共和国建立，28年的革命岁月中，中国共产党带领中国人民浴血奋战、敢于胜利，形成了具有鲜明中国特色的革命文化。下面，让我们一起走进革命圣地延安，感受红色文化的魅力。

◎●◎ 中国革命的圣地——延安

“几回回梦里回延安，双手搂定宝塔山。”巍巍宝塔山，是中国革命圣地延安的象征。1935年10月，中央红军经过二万五千里长征，到达陕北。作为中共中央所在地和陕甘宁边区首府，延安是中国革命的指导中心和总后方，是革命圣地。在延安13年，中国共产党演绎了一个民族的伟大传奇，书写了一个政党的辉煌历史，经历了抗日战争、解放战争和整风运动、大生产运动、中共七大等一系列影响和改变中国历史进程的重大事件。从胜利山到凤凰山、从杨家岭到枣园村、从王家坪再到陕北的沟沟峁峁，巍巍宝塔山下，滚滚延河水畔，一个个具有传奇色彩的革命故事曾在这里发生。

延安红色文化是延安时期中国共产党领导广大人民群众，把马克思主义基本原理同中国具体实际相结合，在艰难困苦的战争岁月和局部执政的情况下积淀形成的文化。延安红色文化是走向成熟的革命文化，蕴含着中国共产党人生动的革命实践和宝贵的奋斗智慧。我们要永远铭记，延安用五谷杂粮滋养了中国共产党发展壮大，支持了中国革命走向胜利。延安和延安人民为中国革命事业做出了巨大贡献。

◎●◎ 窑洞中的秘密

提起陕北，不少人首先想到的就是窑洞。延安时期，来自五湖四海的革命青年和有识之士，以“打断骨头连着筋，扒了皮肉还有心，只要还有一口气，爬也爬到延安城”的毅力，冒着生命危险长途跋涉奔向延安，就是因为延安窑洞里有马克思主义和必胜的革命理想信念，有中华民族前进的方向。毛泽东就是在窑洞里著书立说，笔耕不辍，写下了《新民主主义论》《整顿党的作风》《纪念白求恩》《论持久战》等著作和文章。毛泽东说过：“延安的窑洞有马列主义，延安的窑洞能指挥全国的抗日斗争。”窑洞见证了中国共产党人艰苦奋斗的历史，也见证了他们领导大生产运动、整风运动和召开文艺座谈会的历史。

延安时期，杨家岭是毛泽东居住时间最长的地方，著名的“窑洞对”就是在这里进行的。“窑洞对”的要义，是回答如何

窑洞对，是指毛泽东同志与民主人士黄炎培的一次著名会谈。

1945年7月，黄炎培来到延安有感而发，希望中国共产党找出一条新路，跳出历史周期率的支配。毛泽东同志说，我们已经找到新路，我们能跳出这周期率。这条新路，就是民主。只有让人民来监督政府，政府才不敢松懈。只有人人起来负责，才不会人亡政息 。

跳出治乱兴衰历史周期率、避免人亡政息、确保政权长期存在的问题。在“窑洞对”中，毛泽东同志给出了第一个答案，这就是让人民来监督政府。党的十八大以来，以习近平同志为核心的党中央在全面从严治党的实践中给出了第二个答案，这就是党的自我革命。

◎●◎ 深厚的为民情怀

延安时期，党提出全心全意为人民服务的根本宗旨并写入党章，强调共产党“这个队伍完全是为着解放人民的，是彻底地为人民的利益工作的”，要求党的干部“把屁股端端地坐在老百姓的这一面”，形成了“只见公仆不见官”的生动局面。

1944年9月8日，毛泽东在中央警备团战士张思德的追悼会上，发表了题为《为人民服务》的演讲，以追悼张思德同志，号召大家学习他为人民服务的精神。1944年年初，张思德在陕西延安安塞县执行烧炭任务。白天，他巡回各窑，掌握火候。晚上，他也要起来数次，察看烟色。9月5日，一个即将挖成的炭窑突然坍塌，张思德被埋在窑内，生命永远定格在29岁，他用生命践行了全心全意为人民服务的铿锵誓言。毛泽东引用汉代史学家司马迁的名言“人固有一死，或重于泰山，或轻于鸿毛”，认为“张思德同志是为人民利益而死的，他的死是比泰山还要重的”，高度赞扬张思德为人民利益的牺牲“重于泰山”，这既是对张思德为人民谋利益勇于牺牲精神的充分肯定，也是对共产党人生死观的高度概括。

03 百花齐放，谁才是“颜值担当”？

新中国成立后，中国迈入了一个崭新的时代。中国的文化也呈现出一派欣欣向荣的景象。它有一个响亮的名字，叫社会主义先进文化。70多年来，党带领人民在开拓创新、

> 发展社会主义先进文化、广泛凝聚人民精神力量，是国家治理体系和治理能力现代化的深厚支撑。必须坚定文化自信，牢牢把握社会主义先进文化前进方向，围绕举旗帜、聚民心、育新人、兴文化、展形象的使命任务，坚持为人民服务、为社会主义服务，坚持百花齐放、百家争鸣，坚持创造性转化、创新性发展，激发全民族文化创造活力，更好构筑中国精神、中国价值、中国力量。
>
> ——《中共中央关于坚持和完善中国特色社会主义制度、推进国家治理体系和治理能力现代化若干重大问题的决定》

砥砺奋进的非凡历程中，丰富和发展了社会主义先进文化。社会主义先进文化萃取了中华优秀传统文化和红色革命文化的精华，是中华文化在当代中国的最新发展。那么，百花齐放，到底谁才是“颜值担当”呢？让我们一探究竟。

◎●◎ 社会主义核心价值观

在中国几千年的古代社会中，仁、义、礼、智、信、温、良、恭、俭、让等价值观念深入人心，塑造了中华民族特有的信仰追求、价值取向和精神气质。“赤橙黄绿青蓝紫，谁持彩练当空舞？”在当代中国，我们的民族、我们的国家应该坚守什么样的核心价值观？

党的十八大从国家、社会、公民三个层面，把社会主义核心价值观概括为“富强、民主、文明、和谐，自由、平等、公正、法治，爱国、敬业、诚信、友善”24个字。党的二十大提出要广泛践行社会主义核心价值观。可以说，社会主义核心价值观犹如高高飘扬的旗帜，指明社会主义文化繁荣兴盛的前进方向，成为当代中国坚定文化自信的价值引领。当前，社会主义核心价值观成为百姓日用而不觉的行为准则，全国各族人民文化自信明显增强、精神面貌更加奋发昂扬，亿万人民以实际行动印证“人民有信仰，国家有力量，民族有希望”。

◎●◎ 榜样引领前行

党的二十大报告指出：“发挥党和国家功勋荣誉表彰的精神引领、典型示范作用，推动全社会见贤思齐、崇尚英雄、争做先锋。”为此，党和国家开展多种评选活动，选典型、树榜样，激励全国各族人民向榜样学习，团结奋斗。

第八届全国道德模范张桂梅，是云南丽江华坪女子高级中学党支部书记、校长。她膝下没有儿女，却是170多个孩子的“妈妈”；她推动创建了全国第一所免费女子高级中学，倾心倾力帮助民族地区师生和困难群众，将积蓄全部用于兴教办学、扶贫济困，用爱点亮乡村女孩的人生梦想。助人为乐是她的人生底色。

朱海义是一名“90后”青年，他不顾个人安危，英勇跳入十几米深的水库，从落水车辆中“三分钟救起三个人”，演绎惊心动魄的“生死时速”，被人们亲切地称为与死神赛跑的“救命哥”。见义勇为是他的人生底色。

刘羲檬，“00后”大学生，十几年如一日悉心照顾瘫痪

■ 张桂梅看望福利院的孩子们

在床的母亲，打理家中大小事务，用柔弱的双肩为母亲、为整个家庭撑起一片天。孝老爱亲是她的人生底色。

◎●◎ 建设社会主义文化强国

1949年9月底，在新中国即将诞生之际，毛泽东同志充满自信地预见："随着经济建设的高潮的到来，不可避免地将要出现一个文化建设的高潮。中国人被人认为不文明的时

■ 乡村文化振兴

代已经过去了，我们将以一个具有高度文化的民族出现于世界。"70多年过去了，这个预见正在逐渐变为现实，我们迎来了社会主义文化的繁荣发展，正在为建设社会主义文化强国而不懈奋斗。

习近平总书记在党的二十大报告中指出："必须坚持中国特色社会主义文化发展道路，增强文化自信，围绕举旗帜、聚民心、育新人、兴文化、展形象建设社会主义文化强国，发展面向现代化、面向世界、面向未来的，民族的科学的大众的社会主义文化，激发全民族文化创新创造活力，增强实现中华民族伟大复兴的精神力量。”面向未来，我们要坚持创造性转化、创新性发展，创造出无愧于时代、无愧于人民的文化成果，激发全民族文化创新创造活力，不断铸就中华文化新辉煌。

马克思是近代以来最伟大的思想家，马克思主义是人类迄今为止最先进的思想理论体系。近20年来，西方各种机构评选“千年思想家”“最具影响力的学者”等，马克思都名列前茅甚至高居榜首。让我们穿过卷帙浩繁的理论体系，一起走近这位伟大的“千年思想家”，领悟马克思主义作为科学思想的伟力。

最鲜亮的底色

01 >>> 这个“大胡子”有点酷

17岁，那时的我们应该正在读高中。想象一下那时的你，也许是豪情万丈、慷慨激昂，立志干出一番大事业；也许是两耳不闻窗外事，默默无闻，埋头苦读。那时的你，对自己的未来是否有了清醒的认识和安排？让我们一起走近马

马克思，全名卡尔·海因里希·马克思，马克思主义的创始人之一，第一国际的组织者和领导者，马克思主义政党的缔造者之一，全世界无产阶级和劳动人民的革命导师，无产阶级的精神领袖，国际共产主义运动的开创者。主要著作有《共产党宣言》《资本论》等。马克思创立的广为人知的哲学思想为历史唯物主义，其最大的愿望是对于每个人的自由而全面的发展。他和恩格斯共同创立的马克思主义学说，被认为是指引全世界劳动人民为实现社会主义和共产主义理想而进行斗争的理论武器和行动指南。

克思的世界，共同领略全世界无产阶级和劳动人民革命导师的魅力。

◎●◎ 自古英雄出少年

马克思是德国人，出生于1818年5月5日。17岁中学毕业时，他面临着升学还是就业的去向选择问题。身边的同学或是希望成为诗人、科学家、哲学家，或是打算去当教士、牧师，或是希望能过上资本家的豪华生活。马克思则决心选择“最能为人类而工作的职业”，于是就有了一篇惊世之作——《青年在选择职业时的考虑》。

他在文章结尾写道：“如果我们选择了最能为人类而工作的职业，那么，重担就不能把我们压倒，因为这是为大家作出的牺牲。”在他看来，只有把个人职业发展融入到对人类命运的关切之中，把个人价值与社会责任使命相联系，个人的理想就会变得崇高伟大，所选择的职业就是能够使自己获得快乐、获得尊严的职业。一个刚走上人生道路的年轻人，就有了为人类而工作的志向，他的理想虽还只是一盏微弱的灯，但却能给人一种力量、希望和正义。

◎●◎ 爱情友情双丰收

如何才能实现17岁时的诺言呢？马克思“实事求是”“无情批判”，为他的理想付诸实践。在此期间，他收获了自己的爱情和友情。

马克思和燕妮相识于年少时，青梅竹马、情投意合。然而，由于两人身份地位悬殊，受到了家族反对。但两人始终坚守爱情，不被世俗的门第观念束缚，冲破重重阻碍走到了一起。结婚后的岁月里，无论是马克思流亡巴黎或伦敦，还是生活在没有面包的日子里，燕妮始终紧紧追随在马克思的身边，用所有的热情去支持马克思的事业。两人患难与共，相濡以沫，直到1881年12月2日，燕妮永远告别了共同生活了38年的丈夫。

马克思和恩格斯

从1842年马克思和恩格斯第一次会晤起，40年里，他们在领导国际共产主义运动的伟大斗争中，团结作战，患难与共，建立了真挚的友谊。马克思对恩格斯的身体十分关心，他在给恩格斯的信中说："我关切你的身体健康，如同自己患病一样，也许还要厉害些。"同样，恩格斯为了"保存最优秀的思想家"，他违背自己本来的意愿，到父亲经营的公司中去从事那"鬼商业"的工作，从而能够在经济上资助贫困的马克思，使其能专心致力于革命理论的研究。对于马克思来说，恩格斯是一个伟大的同事、朋友和知音。

◎●◎ 旷世宣言惊风雨

1847年11月29日，共产主义者同盟第二次代表大会在伦敦召开。马克思、恩格斯受大会委托起草一个同盟纲领作为宣言。开始时，恩格斯撰写了一份草案，即《共产主义原理》，这部作品由二十五组问答组成，但是马克思、恩格斯经过讨论认为，用问答的形式作为共产主义者同盟的宣言"是完全不合适的"。于是，马克思执笔重新起草宣言，其中广泛吸收了《共产主义原理》的基本思想。在这个新的文件中，马克思系统阐述了共产主义运动的历史沿革、共产主义革命的历史任务，以及未来共产主义社会的性质，反驳了资产阶级对共产主义的批评。这个文件被命名为《共产党宣

Manifest

der

Kommunistischen Partei.

Veröffentlicht im Februar 1848.

Proletarier aller Länder vereinigt Euch!

London.
Gedruckt in der Office der „Bildungs-Gesellschaft für Arbeiter"
von J. E. Burghard.
46, Liverpool Street, Bishopsgate.

■《共产党宣言》德文原版封面

言》。

1848年2月24日，《共产党宣言》的发表，宣告了马克思主义科学理论体系的诞生，开辟了人类思想的新纪元，使革命的火焰烧得更旺了。许多有志青年正是通过这本《共产党宣言》走上了追求共产主义理想的道路。可是谁又能想到，这本《共产党宣言》是马克思在极度嘈杂的生活环境下写出来的——当时马克思和燕妮有一儿两女，马克思伏案写作的时候，三个孩子时常爬到马克思的肩头“骑大马”，或在马克思身后拽着他“赶马车”。

《共产党宣言》发表后，欧洲爆发了革命。马克思、恩格斯积极参与并组织、指导工人阶级参加革命运动，扩大了共产主义在人民群众中的影响。

◎●◎ 贫困写就《资本论》

欧洲革命结束之后，马克思被驱逐到伦敦。由于缺少固定经济来源，加上资产阶级政府的迫害和封锁，饥饿和生存问题困扰着马克思一家，但他就是在这一时期写成《资本论》的。在此窘境下，马克思写信向恩格斯倾诉：“一个星期以来，我已达到非常痛苦的地步：因为外衣进了当铺，我不能再出门；因为不让赊账，我不能再吃肉。”他的六个孩子中的三个，就是在这样的贫困境地中夭折的。即使这样，马克思也没有屈服，而是继续保持斗志工作。

为了《资本论》的写作，他“一直在坟墓的边缘徘徊”，但却不畏艰难困苦，利用他还能工作的每时每刻来完成著作。

Das Kapital.

Kritik der politischen Oekonomie.

Von

Karl Marx.

Erster Band.

Buch I: Der Produktionsprocess des Kapitals.

Hamburg

Verlag von Otto Meissner.

1867.

New-York: L. W. Schmidt, 24 Barclay-Street.

■ 《资本论》第一卷德文版封面

1867年9月14日，《资本论》第一卷的出版，为国际工人协会的工作提供了强大的理论武器。或许他毕生的遗憾，便是这未尽的事业，他还未完成《资本论》却永远地沉睡了。

习近平总书记在纪念马克思诞辰200周年大会上，用三个“一生”评价马克思的人生历程：马克思的一生，是胸怀崇高理想、为人类解放不懈奋斗的一生，是不畏艰难险阻、为追求真理而勇攀思想高峰的一生，是为推翻旧世界、建立新世界而不息战斗的一生。

02 >>> “真理的味道非常甜”

1920年的一个春夜，浙江义乌分水塘村一间简陋的柴屋里，两张长凳架起一块木板，既是床铺，又是书桌。桌前，有一个青年正奋笔疾书，常常“不知东方之既白”。春寒料峭，一阵阵寒风透过四壁墙缝向他袭来，冻得他手脚发麻。母亲心疼儿子，送来粽子和红糖水放到他旁边，让他饿了垫

作为马克思主义理论纲领性文件之一，《共产党宣言》全文的翻译成为中国先进分子学习和宣传马克思主义理论的迫切任务。1848年，《共产党宣言》发表后，迅速向全世界传播。1920年8月，由陈望道翻译成中文的《共产党宣言》，作为“社会主义研究小丛书第一种”印行。《共产党宣言》至今已被翻译成200多种文字，出版3000多种版本，影响了全世界的无产阶级和社会主义者。

补一下。没想到他吃粽子时，竟将墨汁误作红糖水吃了。母亲在屋外喊：“红糖够不够？要不要我再给你添些？红糖甜不甜呀？”儿子应声答道：“够甜，够甜的了！”谁知，当母亲进来收拾碗筷时，却发现儿子的嘴里满是墨汁，红糖水却一点儿也没动。原来，儿子竟然是蘸着墨汁吃掉粽子的！由此留下“真理的味道非常甜”的故事。这个青年就是陈望道，他正在翻译的册子叫《共产党宣言》。

◎●◎ 陈望道——追望大道者

墨汁为什么那样甜？原来，信仰也是有味道的，甚至比红糖水更甜。陈望道怀揣着信仰，在一盏昏暗的煤油灯下，送走一个个漫长的寒夜，又迎来一次次黎明的曙光。正因为这种精神之甘、信仰之甜，他才情愿吃百般苦、甘心受千般难。

1920年4月下旬，陈望道终于完成了《共产党宣言》全本的中文翻译工作。同年8月，第一部《共产党宣言》中文全译本在上海正式出版，这是中国共产党成长史、中国革命发展史上的一个标志性事件，它加速了马克思主义在中国的传播，培养了一大批马克思主义的信仰者和坚定的共产主义战士，为中国共产党的成立做好了思想上和理论上的准备。

■ 陈望道

陈望道翻译的《共产党宣言》使一大批先进分子进一步了解了马克思主义，确立了马克思主义的信仰，走上了革命的道路。毛泽东后来曾多次谈到这本经典著作："有三本书特别深地铭刻在我的心中，建立起我对马克思主义的信仰。"其中第一本就是陈望道翻译的《共产党宣言》。邓小平在法国勤工俭学时，就开始学习《共产党宣言》，正是这本书，使他由工业救国的爱国青年逐步成长为一个坚定的马克思主义者。

◎●◎ 马克思主义真理永放光芒

今天，《共产党宣言》面世已经170多年，但真理的光芒永在，因为那是中国共产党人信仰的源头，也是中国共产党人的初心所在。有一次，习近平与友人议论起《共产党宣言》的中译本问题，谈到从俄、日、德、英、法不同语言翻译过来的中文本各有侧重，对文本的理解也不尽相同时，习近平感慨道："这么一个小薄本经典，就有这么多名堂，可见认识真理很不容易。"多年以后，习近平总书记仍感叹，"如果心里觉得不踏实，就去钻研经典著作，《共产党宣言》多看几遍"。在纪念马克思诞辰200周年大会

■ 《共产党宣言》陈瘦石译本

上，习近平总书记发表重要讲话时指出：“《共产党宣言》发表170年来，马克思主义在世界上得到广泛传播。在人类思想史上，没有一种思想理论像马克思主义那样对人类产生了如此广泛而深刻的影响。”从中我们可以认识到，马克思主义之所以对人类社会产生如此广泛而深刻的影响，是与《共产党宣言》的领航、奠基作用分不开的。

回首过往，很少有一本书像《共产党宣言》，“以天才的透彻而鲜明的语言描述了新的世界观”，铸起一座马克思主义的精神丰碑。在它的指引下，一代代中国共产党人高举旗帜、接续奋斗，开辟了马克思主义中国化时代化新境界。

03 不丢“老祖宗”，又要说“新话”

习近平总书记指出：“马克思主义是我们立党立国的根本指导思想。背离或放弃马克思主义，我们党就会失去灵魂、迷失方向。”一百多年来，中国共产党人正是不丢“老祖宗”，坚持马克思主义这一科学真理，又讲“新话”，不断推进马克思主义中国化，创立了毛泽东思想，创立了邓小平理论，形成了“三个代表”重要思想，形成了科学发展观，创立了习近平新时代中国特色社会主义思想，取得了革命、建设、改革的伟大胜利，开创和发展了中国特色社会主义。

坚持“老祖宗”不能丢

中国共产党开创中国特色社会主义，首先是坚持“老祖宗”不能丢。诞生于19世纪中叶的马克思主义，虽历经百余年沧桑岁月的洗礼，但其真理的光芒依旧辉煌灿烂。党的二十大报告中指出：“马克思主义是我们立党立国、兴党兴国的根本指导思想。实践告诉我们，中国共产党为什么能，中国特色社会主义为什么好，归根到底是马克思主义行，是中国化时代化的马克思主义行。拥有马克思主义科学理论指导是我们党坚定信仰信念、把握历史主动的根本所在。”

当人类即将迈入21世纪的时候，英国广播公司（BBC）在全球范围内举行过一次“千年思想家”网上评选。结果，马克思位列榜首。悠悠千载，代代英豪。在可圈可点的历史画卷中，曾出现过灿若繁星般的思想大师，为什么马克思能够独占鳌头呢？正是因为马克思所创立的理论是科学的！马克思主义深刻揭示了自然界、人类社会和思维发展的普遍规律，是迄今为止最科学、最严密的理论体系，在人类思想史上树起了一座不朽的丰碑。

◎●◎ 推进马克思主义中国化

十月革命一声炮响，给我们送来了马克思列宁主义。在马克思主义同中国工人运动相结合的进程中，中国共产党应运而生。中国共产党自诞生之日起，就把马克思主义写在自己的旗帜上，肩负起为中国人民谋幸福、为中华民族谋复兴的历史使命。在继承“老祖宗”的基础上不断讲“新话”，成为当代中国共产党人的重大使命和责任担当。

一百多年来，中国共产党坚持从实际出发，不断推进马克思主义中国化时代化，使马克思主义的科学性和真理性在中国得到充分检验。从毛泽东思想、邓小平理论、“三个代表”重要思想、科学发展观到习近平新时代中国特色社会主义思想，先进的科学理论在推进民族复兴伟大事业中产生了强大的思想引领力。

中国共产党人深刻认识到，只有把马克思主义基本原理同中国具体实际相结合、同中华优秀传统文化相结合，坚持运用辩证唯物主义和历史唯物主义，才能正确回答时代和实践提出的重大问题，才能始终保持马克思主义的蓬勃生机和旺盛活力。

——《高举中国特色社会主义伟大旗帜　为全面建设社会主义现代化国家而团结奋斗——在中国共产党第二十次全国代表大会上的报告》

党的十八大以来，以习近平同志为核心的党中央团结带领全党全国各族人民，坚持和发展中国特色社会主义，形成了习近平新时代中国特色社会主义思想，赋予了马克思主义鲜明的时代特色、丰富的时代内涵、旺盛的时代活力。习近平新时代中国特色社会主义思想，是马克思主义中国化最新成果，是当代中国马克思主义、21世纪马克思主义，是指导具有许多新的历史特点的伟大斗争的鲜活的马克思主义。

◎●◎ 了解中国的窗口

2014年9月以来，一本中国书籍在海外的发行创造了“40年来没有出现过的盛况”。柬埔寨以国家名义为它举办研讨会，泰国总理向内阁成员推荐，秘鲁总统库琴斯基将其放在办公室书柜，它走进尼泊尔总统府、美国高端智库、塞尔维亚国家图书馆……这本书就是《习近平谈治国理政》。

随着《习近平谈治国理政》第二卷、第三卷、第四卷的陆续出版，它成为面向国际社会宣介习近平新时代中国特色社会主义思想的权威著作。美国前国务卿亨利·基辛格为

《习近平谈治国理政》纽约书展研讨推介会写下了这样的贺词："这本书为了解一位领袖、一个国家和一个几千年的文明打开了一扇清晰而深刻的窗口。在书中，习主席规划了旨在推进中国社会革命性转变的一系列内政方针，也提出了加强与世界各国合作的构想。中国的崛起，将对世界秩序的未来产生深远影响。"

回首过往，跨过历史进程中的"雪山"与"草地"，征服风险挑战的"娄山关"和"腊子口"，我们党之所以能够历经考验磨难无往而不胜，关键就在于不丢"老祖宗"，又要说"新话"。新征程上，只有以习近平新时代中国特色社会主义思想为根本指针，运用马克思主义的立场、观点、方法分析问题、解决问题，才能使我们的"老祖宗"、我们的"根脉"在当今中国愈益焕发出真理的光芒、文明的光芒。

■ 童心向党

文化兴民族兴，文化强民族强，高度的文化自信是维系国家和民族的精神命脉。作为新时代的青年，我们应当树立远大的理想，将责任与担当刻入到我们的DNA里。在我们身处的时代当中，就有许许多多的榜样值得我们学习，他们或许用十年的坚持开创了一条人工天河，也或许在日常生活中为我们默默奉献“甘甜”，还可能是实现了你还未实现的梦想的“小偶像”。让我们一起走进他们的生活，来看看他们是怎样守护和创造我们的和平、幸福的生活吧。

引领文化建设

01 >>> 接好历史的“接力棒”

逶迤连绵的太行山不仅是中国东部的一条重要的地理界线，不仅将黄土高原与华北平原隔开，同时也造就了像河南林县这种长期干旱的山区。历史上，他们只能通过祈福雨水的降临来获得水源。这样的情况直至20世纪60年代才有所改变，河南林县人民在陡峭的太行山上开辟出一条总长1500千米的“人工天河”，这项庞大的水利工程，削平了1250座山头，架设了151座渡槽，凿通了211个隧洞，将漳河水引入千家万户，解决了50多万人的饮水问题，这就是被后人称作“世界第八大奇迹”，被周恩来总理誉为新中国成立后的两大奇迹之一的“红旗渠”。让我们一起走进红旗渠，了解红旗渠背后“十万大军战太行”的故事，也让我们继续将红旗渠精神传承下去。

■ 人工天河

河南安阳林州市处于河南、山西交界处，历史上严重干旱缺水。红旗渠是林州人民为解决吃水问题人工修建的水利工程，工程于1960年2月开始动工，至1969年7月支渠配套工程全面完成，历时近10年。红旗渠总干渠全长70.6千米（山西石城镇—河南任村镇），被称作“新中国奇迹”，是全国重点文物保护单位，同时也被誉为“世界第八大奇迹”。

◎●◎ 悬崖峭壁上的“人工天河”

河南林县，也就是现在的林州市，是一个山地陡峭，十年九旱，水资源十分稀缺的贫瘠山区。“咱林县，真苦寒，光秃山坡旱河滩。雨大冲得粮不收，雨少旱得籽不见。一年四季忙到头，吃了上碗没下碗。”这是20世纪林县的当地歌谣。在这样贫瘠的土地上，一滴水都显得尤为珍贵，也是在这样艰难的情况下，寻找水源、解决全县的缺水问题成为林县最首要的问题。1954年，被任命为林县县委第一书记的杨贵，将缺水问题放在林县需要解决的首要问题。一年后，林县开始修建多条渠道和多座中小型水库，在林县人民的不懈努力下建成了南谷洞水库，形成了南、北、中三个水利灌溉体系，这也使林县的缺水问题基本得到解决。但是好景不长，林县就遇到了前所未有的大旱，境内的河流全部断流，水库里面的水能够见到底，渠道也变得干涸，人们和家畜的日常饮水都成问题。在这样的现实状况下，杨贵只能带领林县人民开始另寻水源。直至1960年，在杨贵和林县人民的不懈努力下，开启了“引漳入林”工程，就是将山西境内的浊漳河的水源引到林县，并将这项工程命名为“红旗渠”。以林县县委领导为先导的十万修渠大军，带上自己的装备，挑着行李，开启了这项庞大的工程。

凌空除险

在红旗渠总干渠经过的山西境内，有一座长方形的大山叫牛岭山，这座山朝着漳河的一面是几百米高的绝壁，当地人说除了鸽鹉，其他鸟都难以飞上去，因此这个绝壁被称为鸽鹉崖。在这座绝壁高崖下，一些民工在修建过程中奉献出了自己的生命，但即使是面对这样的困难，大家也丝毫没有退缩，红旗渠的工程指挥部任命任羊成等12名勇士组成除险队，他们的安全措施只是系在腰间和胯下的绳子，他们需要穿梭在悬崖峭壁间，除去阻碍修建的悬石，只要稍不注意，就会撞在石壁上。在这样的艰苦条件下，经过了10年的苦战，红旗渠工程全面建成，大大改善了林县人民靠天等雨的生产生活条件，红旗渠的故事也在中国的大江南北流传开来。

◎●◎ 传递红旗渠精神“接力棒”

现在，每天在红旗渠上都能看到戴着头盔、穿着救生服的巡渠工作人员，其中有一位叫张学义的工作者，他是红旗渠灌区管理处合涧渠管所的一名员工，也是一位“渠三代”。张学义的爷爷张运仁作为修建红旗渠的第一批先锋，在修渠的过程中不幸牺牲，而他的名字也镌刻在了太行丰碑上。这座石碑上镌刻着在红旗渠建设过程中牺牲的81位烈士的姓名，正是因为有这些烈士的无私奉献，我们才能够看到现在依然流淌着满渠清水的红旗渠。在张运仁牺牲后，这个家庭就剩下张运仁的妻子和儿子张买江。此时，张运仁的妻子却做出了一个重要的决定，她毅然决然地将只有13岁的儿子张买江赶到了修渠工地上，这样张买江成为修渠工地上最小的建设者之一。在张买江出发前，母亲嘱咐他：“孩子，你爹没把渠修到底，你就去替他完成吧，不把水引回来就别回家。”张买江将母亲的嘱托牢牢记在心里，修渠期间从未请过假，直到红旗渠修好才回到家里。退休后的张买江，也从未停止传承红旗渠精神，他走遍中国，向更多的人讲述红旗渠的故事。张学义作为“渠三代”，他担负起红旗渠守护者的重担，守护着祖辈流血流汗修成的红旗渠。张学义说：“我父亲一直嘱托我，他修好渠了，必须让我看好渠、护好渠、管好渠、用好水，为老百姓办实事。”张学义用自己的行动来展现自己对于红旗渠精

■ 干渠通水

党的二十大结束后不久，习近平总书记来到红旗渠考察，他强调：“红旗渠精神同延安精神是一脉相承的，是中华民族不可磨灭的历史记忆，永远震撼人心。年轻一代要继承和发扬吃苦耐劳、自力更生、艰苦奋斗的精神，摒弃骄娇二气，像我们的父辈一样把青春热血镌刻在历史的丰碑上。”

神的坚定和执着，也让我们看到了代代相传的红旗渠精神。

理想信念是一面永远不会褪色的旗帜，红旗渠精神体现了坚定信念、志存高远的理想追求，也体现了江山就是人民、人民就是江山的宗旨。作为新时代的青少年，我们应当义无反顾地接过红旗渠精神的“接力棒”，不怕困难，奋发向上，将最美的青春献给祖国最壮丽的事业，将党的伟大事业推向前进。

02 >>> “百姓日用而不觉”

日用而不觉，是指一个事物在一个长期的、潜移默化的过程中浸入到人们心底。这个过程就如水滴石穿、绳锯木断的道理一样。一滴水的力量微不足道，但当许多滴的水持续不断地冲击石头，慢慢渗透到石头的里层，最终就会把石头穿透。社会主义核心价值观的学习也是如水滴石穿般，在潜移默化中，在日常生活中影响着我们，并成为我们生活的基本准则。中华优秀传统文化源远流长、博大精深，是中华文明的智慧结晶，同科学社会主义价值观主张具有高度契合性。我们必须坚定历史自信、文化自信，坚持古为今用、推陈出新，把马克思主义思想精髓同中华优秀传统文化精华贯通起来，同人民群众日用而不觉的共同价值观融通起来，不断赋予科学理论鲜明的中国特色，不断夯实马克思主义中国化、时代化的历史基础和群众基础，让马克思主义在中国牢牢扎根。

中国西瓜的年消费量和年产量

国家统计局曾算过这样一笔账：
如果按一个西瓜 10 斤计算，
中国人每年要吃掉 160 亿个西瓜。

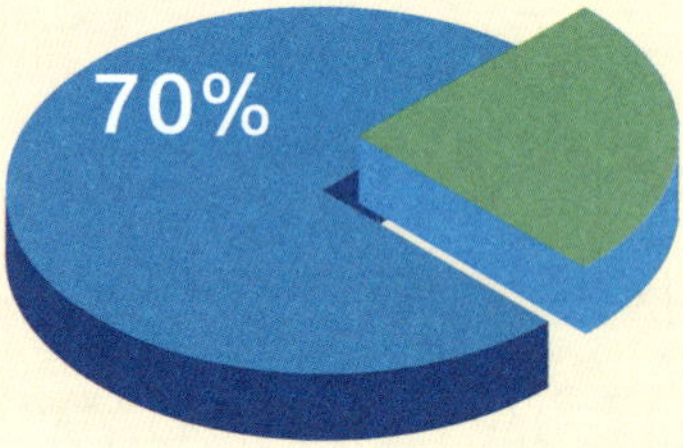

世界粮农组织的一项统计数据显示，中国西瓜年产量近 8000 万吨，大约占全世界年产量的 70%。

西瓜，作为我们夏日解暑的必备水果，在水果摊上随处可见。国家统计局曾算过这样一笔账：如果按一个西瓜10斤计算，中国人每年要吃掉160亿个西瓜。世界粮农组织的一项统计数据显示，中国西瓜年产量近8000万吨，大约占全世界年产量的70%。因为产量高，所以价格便宜，正是这实惠的价格，让中国人实现了“吃瓜自由”。我们之所以能实现“吃瓜自由”，其实多亏了我们的“瓜奶奶”——吴明珠。

她曾获得过“全国优秀科技工作者”“国家西部大开发优秀贡献个人”等一系列荣誉称号。从青葱岁月到耄耋之年，吴明珠将西瓜的甘甜献给了我们。

◎●◎ 一粒西瓜的种子埋在心里

1953年的五一劳动节，在重庆西南农学院的大礼堂里，一位圆脸、大眼睛的武汉姑娘举起右拳，面向全校师生庄严宣誓，加入中国共产党，成为西南农学院第一批入党的学生党员，她就是吴明珠。她在《我的追求》一文中写道，这一天让她终生难忘。毕业前夕，她所在的园艺系1951届、1952届毕业后分配到新疆工作的学哥、学姐们纷纷给学校来信，告诉即将毕业的学弟、学妹们，新疆是瓜果之乡，最缺园艺人才，希望大家踊跃报名到新疆一展才华。学哥、学姐们的来信，使吴明珠的心中掀起了千层波浪，填写分配志愿时，吴明珠明确要求去新疆工作，但因种种原因未能如愿，后来她被分配到西南农林局。她只好暂时将去新疆的心愿埋藏到心底，全身心地投入到新单位的工作中，并且很快进入角色，不断进步。10个月后，吴明珠便被作为重点培养对象，选调到中共中央农村工作部工作。1955年年底，刚成立的吴明珠将寻找和培育中国的甜瓜作为自己奋斗的目标。她在日记里写道："人生最美好的事情就是，你创造出来的一切都能为人民服务。"

新疆维吾尔自治区政府希望中央派干部支援新疆经济建设。吴明珠得到消息，立即向组织提出申请，有关领导被她初心不改的精神打动，批准了她的请求。吴明珠当即暗下决心——放飞理想，扎根新疆；艰苦奋斗，报效祖国。作为新中国第一批大学生，在那个激情燃烧的岁月里，吴明珠剪掉长发，和男生一起跳进试验田里播种、施肥、育苗。

◎●◎ 火焰山中的大西瓜

新疆的吐鲁番素有"火洲"之称，夏季气温高达40摄氏度以上。但吴明珠丝毫没有退缩，她带着水和馕，顶着风沙烈日，走遍了当地300多个生产队，为新疆瓜建立了第一份资源档案。她在那里不仅习惯了吃馕，还学会了一口流利的维吾尔语。有一次，吴明珠听说迪坎乡有一种品质很好的瓜，为了找寻这个品种的瓜，吴明珠和同事穿过戈壁去寻找。到了晚上，他们怕碰到狼，不敢再走，就借烧窑人的毡毯，睡在废弃的窑洞边。吴明珠就这样一步一步地走在寻找各类品种的“瓜路”上。直到1962年年底，吴明珠和同事一起把吐鲁番当地所有的甜瓜品种都收集全了，从中系统选育出红心脆、香梨黄、小青皮等品种，帮当地瓜农运用科学技术种瓜。在这些新品种培育出来后，他们接着又陆续培育出哈密瓜早、中、晚熟系列品种。由于新品种瓜甜汁浓很受市场欢迎，种植面积逐渐覆盖新疆主要商品瓜产区的80%，致富一方，吴明珠因此被誉为新疆哈密瓜品种改良的创始人和奠基者。

1973年，吴明珠提出加速选育进程，到海南开辟“南繁北育”基地。自此之后，吴明珠就像候鸟一样，春夏在新疆，秋冬又奔赴海南，在两地之间频繁奔波，年复一年进行育种研究。1984年，吴明珠培育出又甜又脆的西瓜新品种，她把这种西瓜定名为“早佳8424”，推广种植后，凭借优良品质推动中国成为全世界最大的西瓜生产国和消费国。1999年，由于贡献突出，吴明珠当选为中国工程院院士。2009年，吴明珠担任了国家西甜瓜产业技术体系首席科学家，直到2017年87岁她才退休。毫不夸张地说，她把一生都献给了祖国的甜瓜事业。现在的吴奶奶患有阿尔茨海默病，已经认

吴明珠院士在实验棚

不清人了，甚至认不出自己的子女，但一提到瓜，吴奶奶就立刻有了精神，还会经常说到“要去瓜地”“瓜该授粉了”这样的话。这位和蔼的“瓜奶奶”将自己青春的快乐与艰苦都留在了瓜地里。吴奶奶在人民大会堂发言时说道：“瓜是我的生命，我的人生就是想结几个瓜，把瓜的甘甜献给人民。”

富强、民主、文明、和谐，自由、平等、公正、法治，爱国、敬业、诚信、友善，这不是浮在纸面上的词语，这些词语的含义在被许许多多的人用默默无闻的行动，在潜移默化中向我们传递，将这样积极、充满正能量的价值观深入血液、深入骨髓。社会主义核心价值观是凝聚人心、汇聚民力的强大力量。习近平总书记在北京大学师生座谈会上指出：“核心价值观，其实就是一种德，既是个人的德，也是一种大德，就是国家的德、社会的德。国无德不兴，人无德不立。”少年智则国智，少年强则国强。新时代的青少年，应当投身于建设祖国的伟大洪流中，用自己的行动向更多人传递社会主义核心价值观。

03 >>> 请党放心，强国有我

2021年7月1日，在天安门广场上，着装整洁、精神奋发的共青团员和少先队员代表集体向党致以青春的礼赞。他们在集体致献词中说道，一百年前，古老的中华大地诞生了中国共产党，播撒信仰的火种，点亮真理的强光。这束光，激发了井冈山上的革命理想，中国共产党带领人民走出了属于自己的革命道路。一百年前，中国青年的觉醒点燃了民族复兴的希望，在中国共产党的领导下中国共青团应运而生，将广大青年集结在党的旗帜下，踏上了为实现民族复兴不懈奋斗的青春征程。

在庆祝中国共产党成立100周年大会上，一个名叫冯琳的女孩出现在大家的视野中，她是共青团员和少先队员代表集体致献词的领诵员之一。当她第一次以朗诵者的身份站在天安门广场上，开口说出第一句献词时，真挚的感情层层递

■ 庆祝中国共产党成立 100 周年大会在北京天安门广场隆重举行

进，喷薄而出。这个充满青春朝气的“大姐姐”从小就有一颗歌颂英雄的心。

◎●◎ 红色小火苗在心中燃烧

冯琳出生在浙江嘉兴，小时候，她的父母就多次带她到嘉兴的南湖去瞻仰红船，冯琳就是在这种爱党、爱国、爱乡情怀的环境中长大。她说：“我是嘉兴人，从小就知道我的家乡是革命圣地，是红船破浪起航之地，是中国共产党诞

浙江嘉兴红船

生的地方。”也是在“红船精神”的影响下，冯琳树立了成为一名有温度、有担当的主持人的理想。经过不懈的努力，她终于考上了自己的理想院校——中国传媒大学。即使来到了自己的理想院校，冯琳也没有停止努力，她时刻不忘对自己严格要求，每天都会早起练专业课。2021年年初，庆祝中国共产党成立100周年大会的活动被提上日程，活动组委会需要选拔四名领诵员和一千余名齐诵员，从小接受红色教育的她得知消息后主动报了名。经过层层选拔，凭借扎实的基本功和良好的气质形象，冯琳成功成为四名领诵员中的一员。随后，他们接受了包括发声和朗诵技巧、形体站姿、心理辅导等全方位的为期三个月的封闭式训练。可是在训练的过程中，冯琳发现自己对朗诵稿没有很深入的理解，没有表达出文字中所蕴含的感情。于是，冯琳就选择去中国共产党历史展览馆参观，通过红军长征的感人故事、革命将士们浴血奋战的复原场景和一幅幅珍贵的历史图片来加深对中国共产党历史的了解。同时，在训练期间，培训老师也安排领诵员们观看《建党伟业》《建军大业》等影片来重温党的光辉历史。正是这些学习、了解，才能让她在说出“我们歌颂人民英雄的荣光，见证如他们所愿的梦想”时，眼眶中充满泪水，这是发自内心对祖国、对党的热爱。

◎●◎ 用脚步去丈量时代

作为一名新时代的优秀青年，冯琳对自己一路的成长历程倍感荣幸。她经常引用老一辈播音艺术家齐越老师的一句话：我先是一名共产党员，然后才是一名播音员。冯琳认为，一棵树只有一直往上长，才会知道自己适合在哪个高度。她说：“能够生活在这个时代，我深感幸运。毕业后，我一定努力在新闻传播领域贡献青年的力量，做一名有温

1919年，五四运动前夕，鲁迅曾在《新青年》上深情寄语道：“愿中国青年都摆脱冷气，只是向上走，不必听自暴自弃者流的话。能做事的做事，能发声的发声。有一分热，发一分光，就令萤火一般，也可以在黑暗里发一点光，不必等候炬火。此后如竟没有炬火：我便是唯一的光。”

度、有担当的新闻工作者，用脚步去丈量这个时代。”大学期间，冯琳心无旁骛地坚持晨起去学校的明德湖旁练声，不断夯实自己的专业课基础，并在周末期间完成自己新闻双学位的学习，参加线上的科研课程。同时，冯琳还通过参加各种比赛来完善自己。在参加《主播有新人》节目录制时，冯琳通过和老师们的交流认识到了坦诚面对自身不足和内心恐惧的重要性。危机感产生的时候，对于每个人来说都是很难跨过去的，但只有直面它我们才有可能突破它。正是这种直面困难的勇气和日复一日的坚持，冯琳感受到了努力的意义。在结束了大学四年的学习后，冯琳进入复旦大学，开启了一段新的学习旅程。冯琳的不断尝试也在告诉我们，只有坚定地前进才能获得收获，她也用自己的成长向祖国、向党宣誓：请党放心，强国有我！

青年强，则国家强。当代中国青年生逢其时，施展才干的舞台无比广阔，实现梦想的前景无比光明。新时代的青少年要树立“为天地立心，为生民立命，为往圣继绝学，为万世开太平”的壮志。要坚定不移听党话、跟党走，怀抱梦想又脚踏实地，敢想敢为又善作善成，立志做有理想、敢担当、能吃苦、肯奋斗的新时代好青年，让青春在全面建设社会主义现代化国家的火热实践中绽放绚丽之花。

只有做好每一个小我，不断汲取知识，发光发热，将自己的青春力量贡献给中华民族伟大复兴的事业，青春才不会虚度。回首过去，展望未来，有中国共产党的坚强领导，有全国各族人民的紧密团结，全面建成社会主义现代化强国的目标一定能够实现，中华民族伟大复兴的中国梦一定能够实现！

作为新时代的青少年，你们是否想过，我们这样舒适、和平的生活是怎样得来的？我们现在的生活是那些先烈牺牲自己的生命，用自己的血和汗所换来的。正是他们的牺牲，才让我们能够快乐地生活在这片土地上，能够幸福地坐在明亮宽敞的教室里上课。作为祖国未来的接班人，我们应当不忘先辈们的故事，继续传承红色基因。

传承红色基因

01 >>> 信仰之光照亮前行路

我们常常会在电视上看到穿着迷彩服的女兵们，也会羡慕她们的飒爽英姿，但是几十年前的女民兵又是什么样子的呢？让我们一起坐上历史的大船，来看看那个时候浙江温州洞头区女民兵是怎样组成的。

◎●◎ 渔家姑娘在海边

“大海边哎，沙滩上哎，风吹榕树沙沙响……渔家姑娘在海边哎，练呀练刀枪……”这是电影《海霞》主题曲《渔家姑娘在海边》的片段。这首歌里的渔家姑娘也就是电影的主人公“海霞”，电影里所讲的海霞的故事原型，就是洞头女民兵汪月霞的故事。20世纪50年代，温州沿海一带经常遭到敌特骚扰，温州洞头成为重要的海防前线。汪月霞决定带领渔家姑娘自发与驻岛官兵一起保卫海疆、保卫家园。起初，汪月霞她们是为解放军官兵做后方保障，负责烧饭送水、护理伤员、站岗放哨等工作。有一次，汪月霞听说驻守孤岛的战士已经断水好几天了，孤立无援，她便带着几名女民兵，驾着一艘小船，顶着狂风暴雨穿越礁石岩壁，为岛上的战士送去淡水。

大海边哎　沙滩上哎
风吹榕树沙沙响
渔家姑娘在海边哎
织呀织渔网
织呀嘛织渔网
哎……渔家姑娘在海边
织呀嘛织渔网
高山下哎　悬崖旁哎
风卷大海起波浪
渔家姑娘在海边哎
练呀练刀枪
练呀嘛练刀枪
哎……渔家姑娘在海边
练呀嘛练刀枪
——《渔家姑娘在海边》

1960年6月，在驻岛部队和当地政府的指导帮助下，由120名海岛姑娘组成的“北沙女子民兵连”宣告成立，汪月霞成为民兵连第一任连长，开始了光荣而艰辛的“海霞”征程。女子民兵连在刚刚成立之时困难重重，很多人都没有接触过正规的训练。于是汪月霞带领她们白天摸爬滚打，练射击，练拼刺刀，练扔手榴弹，练冲锋；晚上站岗放哨，防敌特，防破坏，防火防盗。在这支队伍里，有一个叫林静叶的女同志，为了练习射击，经常被机枪射击时的后坐力弹到，这样使她的牙龈遭到了严重的破坏，导致她无法正常吃饭，每咀嚼一口，她的牙龈就会很疼，但是她从未放弃，始终坚持训练。在长期的严格训练下，女兵们也在不断地进步和成长。那些年，岛上女民兵们不仅捕获了土匪和特务，还缴获了数十支枪，维护了海岛的一方和平。虽然汪月霞奶奶这一代的海霞故事结束了，但海霞的故事从未停止书写。走进洞头先锋女子民兵连纪念馆，馆内陈列的奖章、奖状、锦旗和数不清的荣誉证书，都在讲述着这支英雄连队和这座传奇海岛的动人故事。

60多年前，这群钟爱军装的渔家姑娘，走上海防前线，成立了洞头先锋女子民兵连，随着一首首歌曲、一部部电影而被世人熟知。当历史的大船开到新时代的这片海域，我们也要继承她们的信仰，续写属于我们自己的精彩故事。

02 >>> 红色基因涵养浩然正气

标图员负责给发射的导弹做好“起飞”的准备，让导弹在正确的发射位置，并且要为发射员提供发射目标的准确位置、距离等数据，所以标图员又有“导弹上的眼睛”的称号。

现在的和平是无数先辈在战场上血战拼搏换来的，当战争胜利后，这些英雄又在哪里呢？其实他们就在你的身边。在河北广宗县的一个小村落里，两位老人坐在院子里晒太阳，老奶奶正一脸崇拜地看着正在讲述故事的老爷爷。这位老爷爷讲述的不是别人的故事，正是自己当年在“英雄营”两次参与击落美制高空侦察机的故事。这个故事尘封了数十年，直到一次偶然的发现才将这个秘密揭开。这位老爷爷叫吴洪甫。1959年，吴洪甫还是个意气风发的少年，他带着对祖国的满腔热爱报名参军，踏上了军人之路。经过不断地学习和磨炼，吴洪甫成为一名优秀的标图员和一级技术能手。

◎●◎“胆大心细”的测量员

1962年9月，一架美制U-2高空侦察机飞到江西省的上空。吴洪甫敏锐地发现了敌情，将飞机的飞行轨迹标在标图板上并传给指挥部。在营长的指挥下，三枚导弹直冲天际，随着一声声巨响，敌机瞬间就被击落。这是世界上首次用导弹击落U-2侦察机。但没想到的是，狡猾的敌人并没有放弃反而提高了警惕，在飞机上安装了对付地空导弹的预警装置——小型机载雷达。这就对吴洪甫提出了更大的挑战，他们必须用8秒钟把所有参数准确发送给引导技师。但是按照科学理论推断，正常运作时间最短也需要18秒。吴洪甫没有丝毫的退却，他和其他技术人员在狭小的指挥车内不停地思考、讨论、计算，不仅顺利完成了任务，还比预计时间更短。后来，吴洪甫所在部队接连把敌机击落，使中国的领空安全得到了保障，吴洪甫也被授予一等功臣的称号。

◎●◎ 将秘密埋藏在尘土中

随着时间的推移，吴洪甫也从一个意气风发的少年变成了步履蹒跚的老人。退役后，他把立功证书压到箱底，重新扛起锄头成为一名农民，三十七年如一日严守机密。即使在

■ 吴洪甫讲战斗故事

母亲瘫痪、妻子股骨头坏死，生活非常困难之时，他也从不向任何人提起当年的战斗经历，更不用说向政府提要求了。直到他偶然在一本军事杂志上看到老营长岳振华讲述击落U-2高空侦察机的战斗经过，意识到保密期早已过去，这才向别人讲述了这段难忘的经历。当村里的人们逐渐了解到吴爷爷的事迹，很多村里的小朋友都惊叹英雄原来就在他们的身边。在庆祝中华人民共和国成立70周年大会群众游行活动中，吴洪甫应邀坐上“致敬”方阵的20号礼宾车。吴洪甫后来在离开“英雄营”前，将自己在70周年国庆阅兵时穿的这身军装留在营史馆，这身军装见证的是一个老兵37年的庄重承诺，而留在吴洪甫身上的一枚枚勋章，是他那段不凡军旅生涯的最好证明。

一个敬礼，一句承诺；一件军装，一份传承。习近平总书记说过：“伟大出自平凡，平凡造就伟大。”吴爷爷用自己的故事告诉我们什么是英雄，告诉我们红色是什么样的颜色。而我们，新时代的“红领巾”们，也要在自己力所能及的范围内帮助更多的人，成为新时代的英雄！

03 我是红岩精神“小小讲解员”

“这天中午，他回到牢房，爸爸妈妈都满面喜色地看着他，他看见桌子上除了牢饭，还有一个盘子，里面装着七颗豆子……‘好香啊，爸爸妈妈，这豆豆可以吃吗？’爸爸笑着说：‘当然可以吃，今天是你的七岁生日，你妈妈用鲜血换来这七颗豆子，庆祝你的生日啊……’”故事的讲述者是重庆市北碚区王朴中学的一名学生，她叫周茂姣，是红岩英烈王朴、“小萝卜头”等革命故事的“小小讲解员”。周茂姣出生在一个比较贫困的家庭，正是这些红色故事，让她对未来充满了信心。

烈士故事永传承

在小学六年级时，老师带着全班同学去王朴烈士陵园祭扫，聆听完讲解员们深情讲述的王朴烈士故事，周茂姣被深深地感动了，王朴烈士坚定的理想信念、忠诚的政治品格、无私的奉献精神、浩然的英雄气概在她的心里擦出了火花。70多年前，出生于优渥家境的王朴，在战火纷飞的年代毅然投身革命，22岁时开始为党工作，25岁时加入中国共产党。为支持革命斗争，王朴和他的母亲金永华变卖家中所有田产，兑换成几千两黄金来资助川东地下党的工作。重庆解放前夕，王朴被国民党抓捕杀害，牺牲时年仅28岁。在那个战火纷飞的年代，王朴面对生与死的考验，毫不犹豫放弃了优渥的生活，矢志不渝追求理想，倾其所有支持革命，乃至献出了自己宝贵的生命。今天我们的生活没有那么困难，还有什么理由不去从容面对困难、追求理想呢？从此，周茂姣努力学习红色故事，立志做一名像王朴烈士那样对党和人民有用的人。周茂姣用王朴烈士“一天不学习，就等于一天没吃东西；一天不学习，就是空虚的”

> 解放战争时期，众多被关押在渣滓洞、白公馆的中国共产党人，经受住种种酷刑折磨，不折不挠、宁死不屈，为中国人民解放事业献出了宝贵生命，凝结成“红岩精神”。
>
> ——习近平

等名言激励自己，立志像王朴烈士一样成长成才、报效国家。红岩烈士们可歌可泣的精神鼓舞了周茂姣，坚定了她成为一名红岩精神志愿宣讲员的决心。周茂姣两年来不断去各个地方进行讲解，成为远近闻名的红岩精神“小小讲解员”，她激励同学们，也激励着许许多多的人传承红岩精神。

现在的我们生活在温暖的阳光下、生长在和平年代，有着父母和长辈的疼爱，无法想象当时的艰苦条件。正因如此，我们才要更加珍惜这来之不易的美好生活，更多地去了解这些红色故事，让红色的种子在我们心里生根、发芽。

04 >>> 重走长征路

长征的故事我们在课本上都能够了解到，“红军不怕远征难，万水千山只等闲”这句七言律诗也可以脱口而出。但是中央红军长征的故事不仅仅是几句话、几个故事就可以讲述出来的。“红军不怕远征难”，它到底有多难？它难在哪里？这些是我们所不了解的。在《红星照耀中国》这本书中，我们通过外国记者埃德加· 斯诺的视角了解到在延安根据地的中国共产党。现在又出现了一位重走长征路的外国人，他以一种新奇的方式来带领大家重新认识中国的长征之路。乔西·詹姆斯作为一名资深探险家与钟汉良、窦骁等几位探险者组成了一支探险小队，他们在一起身临5个中国历史上的伟大征程，通过每一期节目来展示一个中国革命征程上的历史节点，《勇敢者的征程》带领我们重新踏上了一段中央红军曾走过的长征之路。

《七律·长征》是一首七言律诗，选自《毛泽东诗词集》，这首诗写于1935年10月，当时毛泽东率领中央红军越过岷山，长征即将结束。作为红军的领导人，毛泽东在经受了无数次考验后，胜利在望，他心潮澎湃、满怀豪情地写下了这首壮丽的诗篇。

◎●◎ 长征路上的第一座大雪山

夹金山是红军翻越的第一座雪山，毛泽东在《七律·长征》一诗中用“更喜岷山千里雪，三军过后尽开颜”来抒发红军翻越夹金山后的激动心情。但翻越夹金山的难度有多大呢？有一首歌谣说：想要越过夹金山，除非神仙到人间。夹金山海拔4000多米，山上常年有积雪，并且气候变化无常。海拔4000多米意味着什么？当常人到达海拔2500米左右的时候，就会出现呼吸不畅、头晕等高原反应，当到达海拔4000米的时候，人的身体会出现严重的缺氧反应，而红军一整支队伍都要面临这样的困难。在这样的严寒天气中，红军拥有的御寒用品也仅仅是草鞋、辣椒汤和猪膀胱。辣椒汤是因为红军战士们没有足够取暖的用品，只能通过喝辣椒汤来获

■ 红军翻越夹金山

得热量。猪膀胱的作用是当水囊，方便携带。难以想象当年的红军在缺衣少食、装备落后的情况下是怎么坚持下来的。探险家乔西·詹姆斯和钟汉良等在拥有先进装备的条件下，仍然前进得很困难，在他们下山时，暴风雪挡住了他们的视野，一旦走错方向就很可能丧失生命。很难想象当时的红军战士仅仅凭借双脚，一天一夜便翻过了夹金山，这需要多大的勇气与毅力。

《勇敢者的征程》通过历史与探险的结合让我们沉浸式地感知红军长征的奋斗历程，也向全世界讲述中国共产党的光荣历史。纪录片讲述的是中国的红色故事，传递的却是全人类所共同推崇的优秀精神品质。《勇敢者的征程》是探险，更是回望；是挑战，更是致敬；是历史，更是现实。无论是深入野外的探险者，还是重温历史的年青一代，或者是期望认识中国的海外观众，都会从这部作品中感受到中国革命历史的荣光，触摸到现代中国跃动的脉搏。长征是中国共产党艰难时期的一段难忘历史，当代的我们，也要做到面对困难永不言弃，做新时代长征路上的“小红军”。

月球上面到底有什么？为什么中国有这么多经济特区？为什么我们的景区环境总是这么干净？在我们成长的道路上，总是会产生一些问题，但我们不知道的是这些现象的背后都有着让人感动的故事，而支撑他们一直坚持下去的就是我们的中国精神。他们将对祖国的热爱、将报效祖国的志向融入祖国改革发展的伟大事业之中，肩负起时代赋予的历史使命，向人民、向国家交出了自己的“考卷”。今天，就让我们一起来看看他们的“考卷”中写着什么样的故事吧。

弘扬中国精神

01 >>> 托举“嫦娥”的青春力量

嫦娥工程是一个由中国国家航天局启动的探月试验，是我国自主对月球的探索和观察，于2004年3月1日启动，是中国第一个探月工程。

小时候，每到中秋月圆的晚上，我们都会其乐融融地与家人坐在一起，吃着各种口味的月饼，看着天上又大又圆的月亮，听爸爸妈妈讲述嫦娥奔月的远古神话，对广寒宫有过无数遐想。夜空明月皎洁，人间千里婵娟。很多次我们都会思考，月亮上面到底有没有嫦娥和玉兔呢？今天，中国的“嫦娥”卫星带领我们揭开了月球的神秘面纱，中国实施的登月计划让我们对于这个神秘的星球有了更多的认识。接下来。让我们一起跟着中国卫星的脚步来一场精彩纷呈的探月之旅吧。

◎●◎“嫦娥们”的探月之旅

时间追溯到20多年前，那时中国的科学家们就开始研究探月有没有可行性，并制订出了研究探月卫星的计划。经过多年的努力，中国终于正式开展月球探测工程，并将这个工程命名为“嫦娥工程”。嫦娥工程是一个庞大的工程，按照技术难度将由简单到复杂的过程分成了三个阶段：“无人月球探测”“载人登月”和“建立月球基地”。最开始研究的

■ 探月工程的三个阶段

“无人月球探测”计划在2020年之前不断摸索和发展出一套属于中国自己的无人探测器和相关配套系统，能够实现无人探月以及与之相关的科学研究。第二个计划，也就是中期计划——“载人登月”，它的目标是在2030年之前，在无人探测技术成熟的基础上，开始研究如何才能实现载人登月并且顺利返回地球。最后就是我们的远期计划——“建立月球基地”，这个计划就是在实现载人登月并且返回地球的基础上，继续研究如何在月球上建立人类自己的基地，实现在月球上长期居住的目标。

虽然这个探月计划很长远，技术难度也不是可以一笔带过的，但是中国人民遇到困难从不会轻言放弃，我们的探月技术人员稳扎稳打，从第一阶段开始入手，将“无人月球探测”阶段细分为“绕”“落”“回”三期工程来逐步实现。在这一阶段，我们的每一位“嫦娥”都各司其职，发挥了自己的力量。在第一期实施的工程中，“嫦娥一号”完成了“绕”的工作，发射一个月球卫星，它主要用于获取月球表面三维影像、分析月球表面有关物质元素的分布特点、探测月壤厚度、探测地月空间环境等来对月球进行一年以上全面的、精细的探测。

在第二阶段，“嫦娥二号”卫星和“嫦娥三号”探测器又做出了进一步的探索。在2010年的国庆日，“嫦娥二号”卫星成功发射升空并顺利进入地月转移轨道，它在完成绕月目标后，又进行了拓展试验，改变了原来的环绕轨道。在“绕”的工作完成后，中国的探月工作人员开始思考如何让我们的“嫦娥”落在月球上。于是“嫦娥三号”探测器，又称“玉兔”号月球车就诞生了。“嫦娥三号”的着陆器与巡视器互相拍照，让我们更加清晰地看到了月球正面的样子，这使我国成为世界上第三个掌握落月探测技术的国家。

当我们看到月球正面之后，就会好奇月球背面是什么样子，“嫦娥四号”完成了我们的心愿，让我们看到了月球背面的样子，它也成为世界上第一个在月球背面成功登陆的探测器。

最新的“嫦娥”就是我们的“嫦娥五号”，它完成了“回”的任务，同时它也是我国首个实施月面取样返回的航天探测器，把月球的样品取回来，使我们研究月球有了更多的素材。

面对浩瀚宇宙，即使渺小如尘埃的我们，也有着无穷无尽的想象。我们在不断探索着这浩瀚的宇宙、神秘的月球，来看看这宇宙与我们想象的是否一样。党的十八大以来，中国共产党制定了一系列具有全局性意义的区域重大战略，我

漫画：“嫦娥五号”挖土归来

国经济实力实现历史性跃升。载人航天、探月探火、深海深地探测、卫星导航等取得重大成果，我国进入创新型国家行列。这些“嫦娥”，它们不仅包含着中国人民从古至今对于月亮的美好追求，也饱含着中国探月计划工作人员的汗水。能够顺利完成这些科研任务，离不开中国共产党的领导和中国特色社会主义制度。伟大事业孕育伟大精神，伟大精神引领伟大事业。探月工程立项以来，探月人坚持追逐梦想，面对困难不退缩、面对挫折不放弃，坚持勇于探索，敢下先手棋、善打主动仗，坚持协同攻坚，全力保成功，万众一心铺就地月虹桥。他们在攀登科技高峰、探索宇宙奥秘上建立的卓越功勋，对于进一步增强我国经济实力、科技实力、民族凝聚力和国际影响力，激励全党全国各族人民朝着宏伟蓝图阔步前进具有重要作用。当代的我们，也应当从小树立自己的理想，让自己的理想之花盛开在我们中华神州大地之上。

02 ››› 打造改革开放新高地

为什么要进行改革开放？改革开放之前，中国的经济实力比较薄弱，人们的生活水平并不高。当历史翻开新的篇章，人们迫切想要重新开始新的生活。这也使得我们迫切想要寻找一条属于中国的致富之路。在全国人民的共同努力

下，我们有了现在人声鼎沸的深圳经济特区、车水马龙的珠海经济特区以及现在热度非常高的海南经济特区等。现在，就让我们一起来看看新时代改革开放的成果之一——海南经济特区，来了解它的发展历史吧。

◎●◎ 蔚蓝海岸线的致富之路

海南省，这个位于祖国大陆最南端的省份，自古以来就是祖国南大陆重要的通商口岸。早在清朝时期，海口这座

海口市秀英港

城市就成了海南岛内最大的通商口岸，随着这里外来贸易船舶增多，越来越多的西方文化融入当地，很多海南人通过下南洋的方式赚钱谋生。民国时期，当地兴建起了一种中西合璧的建筑“骑楼”。海口的骑楼其实是一种商业的建筑楼，通常是二楼、三楼住人，一楼作为商铺使用，这么多的商铺建筑使我们联想到以前海口的商业贸易还是很发达的。海南得天独厚的地理位置也为它日后成为经济特区奠定了基础。1988年，海南建立经济特区，海南建省初期，曾有“十万人才过海峡”的壮举，30多年后的今天，海南岛建立了自由贸易港，是目前全球开放水平最高的特殊经济功能区。为什么海南能够发展成为现在的样子呢？作为中国最年轻的省份，海南有着得天独厚的地理位置，拥有全国最好的生态环境，又是相对独立的地理单元，还管辖着中国三分之二的海洋面积，这也是它具备成为全国改革开放试验田的独有优势。海南岛不仅有火爆的离岛免税购物节，同时还有“一炮打响”的消博会、开建的环岛旅游公路，除此之外，“奋斗者”号载人潜水器正式进驻三亚崖州湾载人深潜工程实验室。在这些胜利的成果背后，是一代又一代的建设者们不断拼搏的成果。改革开放初期的海南还是一个贫穷落后的封闭海岛，“一根铁钉也要到岛外买”，中部的山区甚至没有脱离“刀耕火种”的生产方式。但是这里的建设者们有着冲天的干劲儿。他们从五湖四海来到海南，秉持着“功成不必在我”的精神境界，肩负着“功成必定有我”的历史担当，只为将海南打造成展示中国风范的亮丽名片。经过多年发展，如今的海南也像岛上茁壮成长的树木一样，枝繁叶茂，不断向上生长。

海南自由贸易港简称海南自贸港，是国家在海南岛全岛设立的自由贸易港，位于海南省境内，全省陆地总面积3.54万平方千米。

2018年4月10日，中共中央总书记、国家主席习近平在博鳌亚洲论坛2018年年会开幕式上发表主旨演讲，提出“探索建设中国特色自由贸易港”；2020年6月1日，中共中央、国务院印发《海南自由贸易港建设总体方案》。

习近平在海南考察期间，谈起当地有许多独特的亮丽名片，如全国最大的经济特区、博鳌亚洲论坛永久举办地、国际旅游岛、洋浦经济开发区、热带农产品主产区等。他说：“每一张名片都蕴藏着深厚发展潜力、孕育着重要发展生机，都可以做出一篇大文章、好文章。”历史从不眷顾因循守旧、满足现状者，机遇属于勇于创新、永不自满者。一切伟大成就都是接续奋斗的结果，一切伟大事业都需要在继往开来中推进。历代经济特区建设者以他们的智慧、勇气、勤劳书写了辉煌篇章。海南经济特区的发展是中国改革开放的一个缩影，我们也应当在这美好的年纪，树立自己的远大志向，在中国改革开放的历史长河中，散发出自己的点点星光。

03 >>> 新时代的“愚公传奇”

愚公移山的故事向我们展示了愚公在面对困难时坚持不懈、持之以恒的顽强毅力。虽然愚公移山是一个神话故事，但现在依旧有人担任着“愚公”的角色，他们的任务不是移动一座山，而是守护着这座山的美丽容颜。他们在悬崖峭壁上行走，他们用心、用眼、用笔记录着山上每一棵树的健康情况。他们一个像每天穿梭在大街小巷的警察，“抓捕”的对象是那些挂在悬崖峭壁上破坏环境的垃圾；一个像手持听诊器的医生，负责治疗的对象是山上一棵棵粗壮的迎客松。他们在平凡的岗位上向我们描绘出了当代愚公的形象。

在黄山风景区有非常“奇特”的两个人。一个人身上挂着绳索，不断翻越、攀爬，就像在上演一部紧张刺激的动作片，还有一个人拿着望远镜和放大镜观察每一棵树，像在上演一场侦查戏码。这两个人就是黄山风景区放绳工李培生和守松人胡晓春，他们用自己对黄山真挚的爱来浇灌这里的一草一木。

◎●◎ 飞檐走壁的神奇“侠客”

李培生是黄山玉屏环卫所的一名放绳工，他每天的工作是在悬崖上捡垃圾和帮助游客捡起不小心掉落的个人物品。每天早晨，李培生就会和同事谢天星来到莲花峰腰部的栈道上，谢天星将绳子打成“8”字扣，将绳索系在悬崖上的一个铁环上，李培生则用力将绳索甩至悬崖上的垃圾附近。他将保护扣扣在自己身上，然后灵巧地翻过护栏。他的脚蹬着悬崖，右手把持着上下降器，左手不断用力抽拉着绳索，小心翼翼地探到悬崖上一丛杂草处，从中捡起一个被风吹落的食品包装袋，放到随身携带的红袋子里。一会儿，他又在崖壁下方捡起一个口罩。但是李培生并没有立刻返回原地，而是继续放绳索向更深处移动。因为这里的景区，每一个景点之间相距很远，垃圾也是分散在各个地方，因此每一次放绳捡垃圾都很耗费体力。在悬崖上，李培生顶着烈

> 在黄山风景区，像李培生这样的放绳工共有18名，他们肩挎绳索，穿行在陡峭悬崖间，只为换来黄山风景区的干净整洁。在他们看来，维护好景区的绿水青山就是他们最大的心愿，也是坚守的初衷。

日，不仅需要上下攀爬，还要左右移动。他一天就要放绳4到5次，每次放绳在30分钟左右，每次在悬崖上要捡拾垃圾20多斤，每次放绳回来的他，都是汗水布满全身。

◎●◎ 迎客松中的“扁鹊医师”

在黄山景区还有一个人，他每天带着他的各种检测工具对每一棵迎客松进行“望闻问切”，在得到满意的答案后，他就会回到自己的房间，拉开抽屉，拿出他的“迎客松日记”，熟练地记录：7：05，查看迎客松树体、枝干、各枝丫、支撑架、拉索、防雷系统及周边，无异常。这个人就是胡晓春，黄山风景区第十九任守松人。胡晓春原本是一名军人，退伍后成为一名迎客松的守护人。虽然工作岗位发生了变化，但不变的是使命和责任。一年365天，胡晓春有300天住在山上，与迎客松时时刻刻在一起。胡晓春的工作室里只有一张简易床、一套桌椅、一台监控电脑和一些检测工具，而他每天的工作就像是复制粘贴一样。每天早上7点，胡晓春开始他的巡护观测工作。监测松树枝丫、松针和树皮的细微变化，白天每隔两小时进行一次例行检查，如遇雷暴天气，每半个小时就要巡查一次。夜间则启动红外线防

■ 胡晓春在观察迎客松

侵入报警系统，随时随地查看迎客松情况。这些检查系统胡晓春都牢记于心。每次巡护工作结束后，胡晓春都要回到小屋，拿出“迎客松日记”，详细记录迎客松生长数据，以及当天的气温、风力、湿度等信息。12年来，他已经写下70多本、累计超过140万字的“迎客松日记”。久而久之，他自己也成了半个林业专家。什么时候要注意梢头长势，遇到大风天气该如何应对，大雨过后怎样确保土壤不流失，季节更迭时需要加强哪些防护，对于这些问题，胡晓春会化身为林业医生来进行认真解决。胡晓春的朋友圈里，除了和家人们的照片，就是“晒树”，他每隔三五天就会为迎客松拍一张照片，他想等到三五十年后，还能看到这些树成长的历程。在一年里休假的几天时间，他也时时刻刻记挂着山上的迎客松，就像父母时时刻刻记挂着自己的孩子。“没有变化，是最好的变化。”是胡晓春总结出来的规律，在他看来，“只要巡查无异常，就说明没有白白守护。”习近平总书记在给李培生、胡晓春回信时说道：“长年在山崖间清洁环境，日复一日呵护着千年迎客松，用心用情守护美丽的黄山。”

李培生、胡晓春在黄山风景区分别从事环卫保洁和迎客松守护工作，2012年和2021年先后入选敬业奉献类“中国好人”。他们最可贵的地方在于在平凡中坚守自己的事业。尽管岁月轮转、时光更替，但他们与黄山、与迎客松的感情始终绵远流长。

“文变染乎世情，兴废系乎时序。”习近平总书记指出：“文艺是时代前进的号角，最能代表一个时代的风貌，最能引领一个时代的风气。”长期以来，广大文艺工作者投身于人民文艺事业，倾心服务人民、倾情创作作品，一大批“有筋骨、有道德、有温度”的文艺作品从中华大地上生长出来，文艺百花园呈现出一片百花竞放、硕果累累的繁荣景象。为继续推进中国特色社会主义伟大事业，实现中华民族伟大复兴，凝聚起磅礴精神伟力，奏响了一曲曲荡气回肠的时代文艺赞歌！

无愧于时代的艺术之美

01 >>> 书写生生不息的人民史诗

“哪里最需要，哪里最偏僻，就到哪里送歌献舞。”这是乌兰牧骑一直信守的诺言。乌兰牧骑，蒙古语原意为“红色的嫩芽”，后被引申为“红色文艺轻骑兵”，是为适应草原地区生产生活特点而诞生的文化工作队。他们长期活跃在

1957年，苏尼特右旗建立了内蒙古第一支乌兰牧骑。2017年11月21日，习近平总书记亲切回信内蒙古自治区苏尼特右旗乌兰牧骑队员，指出：“乌兰牧骑的长盛不衰表明，人民需要艺术，艺术也需要人民。”

习总书记勉励他们继续扎根生活沃土，服务牧民群众，努力创作更多接地气、传得开、留得下的优秀作品，“永远做草原上的‘红色文艺轻骑兵’”。

草原农舍和蒙古包之间，与牧民群众结下了深厚的友谊，被亲切地唤作“玛奈呼和德（我们的孩子）”。乌兰牧骑为什么能长盛不衰，始终受到牧区民众的喜爱呢？让我们一起来认识一下他们吧！

◎●◎ 草原上的“红色文艺轻骑兵”

20世纪50年代，内蒙古自治区政治、经济、文化等新体制逐步确立下来，各项事业的发展正方兴未艾。当时的内蒙古，由于地广人稀、交通不便，尤其在牧区和半农半牧区，不但党和政府的政策难以传达到基层，群众的精神文化生活也十分匮乏。

怎样把党中央的政策更好地传递给农牧民？怎样让农牧民的文化生活丰富起来？经过自治区文化局的广泛调研，建立一支装备轻便、组织精悍、便于流动的小型综合文化工作队的任务就这样提上了日程。

1957年6月17日，以共产党员为骨干，第一支乌兰牧骑在锡林郭勒盟苏尼特右旗草原上正式成立了。2辆勒勒车、9名演员、4件乐器，这些就是他们最初的全部家当。他们边走边演，把群众喜闻乐见的文艺节目送到村屯和一个个放牧点，送到农牧民家门口和蒙古包里，受到人们的热烈欢迎。在第一支队伍的成功示范下，各旗县的乌兰牧骑如同雨后春笋般涌现出来，被农牧民亲切地称为“玛奈（我们的）乌兰牧骑”。

◎●◎ 扎根基层初心不忘

“即便只有一个观众，我们照样演出”，这是乌兰牧骑对人民群众不变的承诺。茫茫草原，荒漠戈壁，农牧民往往居住分散，相邻的聚居点距离动辄几十上百千米，观看演出的观众也时多时少。有时为了一场几个小时的演出，乌兰牧骑队员们要在草原上走几天几夜。但无论多么辛苦，乌兰牧骑的队员们都会倾注百分之百的感情和心力。

一支乌兰牧骑一般只有几十人，为满足乡亲们的不同需要，作品类型却要丰富多样。“一专多能”就成了队员们的必备素质，唱歌的会主持，跳舞的会乐器，吹、拉、弹、唱、舞，每人都能来上几样。他们以演出为主，同时兼做宣传、辅导和服务。在演出前后，队员们为牧民们“送书送药放电影，修车喂马剪羊毛”，同时还担任图片展览讲解员、售书员、业余文艺队辅导员、播音员、理发员等角色。他们

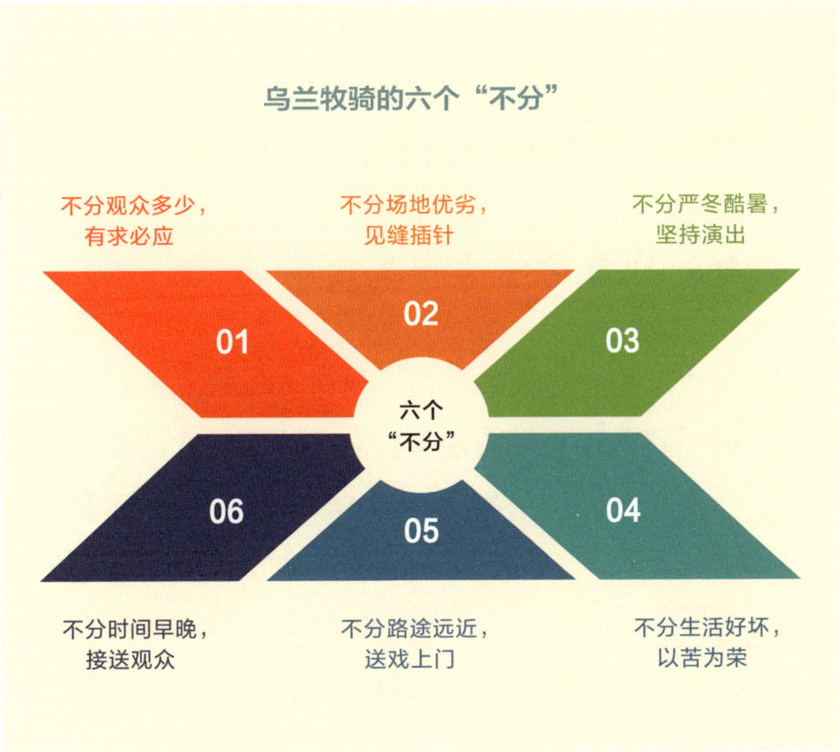

以小型流动文化工作队形式将文化服务送达牧区的千家万户，真正做到了无论是定居点还是放牧点，人民在哪里，乌兰牧骑的服务就延伸到哪里。

在深入基层的过程中，乌兰牧骑坚持六个“不分”：不分观众多少，有求必应；不分场地优劣，见缝插针；不分严冬酷暑，坚持演出；不分生活好坏，以苦为荣；不分路途远近，送戏上门；不分时间早晚，接送观众。一代又一代的乌兰牧骑队员，脚下沾着泥土，心中装着群众。“文艺深深融入人民生活”是习近平总书记对文艺规律的深刻认识，也是乌兰牧骑赢得群众喜爱的成功之道。

◎●◎ 在生活沃土中生根发芽

乌兰牧骑把走进人民群众、走进人民群众的日常生活作为平时创作的理念和方法，在对风土人情的感受中迸发灵感，在与群众贴近的拉话唠嗑中研磨作品，在对乡村风物的见闻中寻找题材。“我们经常是一场演出结束，和老乡聊出了灵感，看风物想到了题材，就在大巴车上写下一两节曲谱，边走边演边补充。”作品题材、创作方式来自生活，作品自然就接地气，感情也就真实，老百姓也就看得开心、舒坦。

经典作品《打草舞》就源自牧民平日的蓄草活动。每逢秋季，草原上的牧民就开始囤积牧草，为牛羊冬天的饲料做准备，这一过程就叫“打草”。乌兰牧骑将这一极具生活气息的劳动编成舞蹈，跳出了人们对丰衣足食生活的喜悦和向往。创新的作品来源于人们的生活，在乡亲们的检验中不断打磨，最终形成观众们喜闻乐见的版本。

■ 乌兰牧骑的队员们在为牧民演出

60多年来，乌兰牧骑以天为幕布，以地为舞台，活跃在草原边疆，只为一个目标——传播党的声音，丰富农牧民的精神生活。他们让红色文化在牧区生根发芽，把根深深地扎进了生活的沃土里，也就扎进了大众百姓的心里。如今，乌兰牧骑有各级队伍75支，队员3500多名，已经发展成为一面誉满全国的文艺战线旗帜。新时代，这支草原上永远的“红色文艺轻骑兵”，必将续写光辉灿烂的人民史诗，迸发新的活力和风采。

02 >>> 吹响新时代小螺号

在中国国家博物馆的展厅内，有一面长12米的延安文艺座谈会参会者大合影墙。聚光灯洒下，巨幅黑白影像中，一个个朴素而振奋的面庞，定格了时光。1942年的中国，正值生死存亡的关键时刻。在这年5月举行的延安文艺座谈会

延安是中国革命的圣地，新中国的摇篮。延安是历经荡气回肠的两万五千里长征中共中央的“落脚点”，也是中国人民抗日战争的政治指导中心和中国人民解放斗争的总后方。

2022年10月27日，党的二十大闭幕不满一周，习近平总书记带领新一届中共中央政治局常委专程前往陕西延安，瞻仰延安革命纪念地。习近平总书记发出伟大号召：“让我们踏上新征程，向着新的奋斗目标，出发！”

上，毛泽东同志鲜明地提出：“为什么人的问题，是一个根本的问题，原则的问题”，“我们的文学艺术都是为人民大众的”。从此以后，中国的文学、艺术，中国的文艺工作者发生了脱胎换骨的巨大变化，中国新文艺发展道路有了前行明灯。

◎●◎ 吹响中国文艺的号角

80多年前，毛泽东同志《在延安文艺座谈会上的讲话》为中国革命文艺指明正确方向。此后，人民文艺作品层出不穷、百花竞放。长篇叙事诗歌《王贵与李香香》、小说《太阳照在桑干河上》《小二黑结婚》、“第一个新的秧歌剧”《兄妹开荒》、民族歌剧《白毛女》、民歌《东方红》《翻身道情》……一大批优秀的文艺作品逐渐涌现。到人民中间去，到火热的斗争中去！解放区文艺工作者纷纷深入群众，奔赴抗战前线。一大批具有“延安气质”的文艺作品就此诞生，为中华儿女奏响了那个战火纷飞年代的时代最强音。

2014年10月15日，习近平总书记主持召开文艺工作座谈会，指出：“社会主义文艺，从本质上讲，就是人民的文艺”，“通过更多有筋骨、有道德、有温度的文艺作品，

■ 芭蕾舞剧《白毛女》剧照

书写和记录人民的伟大实践、时代的进步要求，彰显信仰之美、崇高之美，弘扬中国精神、凝聚中国力量，鼓舞全国各族人民朝气蓬勃迈向未来”。习总书记的讲话，深刻阐述和科学回答了在新的历史条件下如何繁荣发展社会主义文艺的一系列重大问题，站在实现中华民族伟大复兴中国梦的战略高度，为新时代中国特色社会主义文化发展锚定价值航向，擘画中国文艺发展的宏伟蓝图。

相隔72年时空，两次文艺座谈会遥相呼应。一样的群英荟萃，一样的畅所欲言，一样的心系人民，一样的家国情怀。一脉相承又与时俱进，成为中国文艺发展历程中具有标志性意义的里程碑。

◎●◎ 冲锋在前的排头兵

“面对每一个重要历史关头和重大历史事件，文艺工作者从来没有置身事外，从来没有缺席缺位，始终与国家民族前途命运紧密相连、休戚与共。”中国文联主席、中国作协主席铁凝说。2020，岁在庚子。新冠肺炎疫情突袭武汉，数万医务工作者以白衣为甲、逆行出征。他们或微笑，或疲惫，或眼含热泪的一个个瞬间，被文艺工作者记录、编排、饰演，成为文艺作品，就此定格，成为永恒。

时代报告剧《在一起》，由“生命的拐点”“摆渡人”“同行”“救护者”“搜索：24小时”“火神山”“方舱”“我叫大连”“口罩”“武汉人”等10个单元故事组成。故事取材于真人真事，用10个片段，讲述2020年年初战“疫”的最真实状态，讲述着平凡人的伟大，诉说着小人物的壮举。没有浓墨重彩的刻意，没有乏味老套的情节，作品用文艺的魅力，将那些普通人的微光汇聚成灿烂星河，收获了千千万万平凡却又真切的心灵的感动，记录了时代。

逆疫情而行的湖南作家纪红建，用饱蘸情感的浓墨，接连写下了《生命之舱》《春天的声音》《武汉“转运兵”》《一个武汉民警的春天》《湖南援鄂第一人》5个短篇报告文学作品，用最朴素、最真挚的笔触，将方舱医院从诞生、建设、启动到收治患者的故事娓娓道来，感染了无数读者。

◎●◎ 用心用情用功书写伟大时代

为时代呐喊，为人民放歌。

近年来，文艺领域捷报频传，“爆款”迭出。电影

《我和我的祖国》《长津湖》、电视剧《山海情》《觉醒年代》、长篇小说《人世间》《主角》、舞剧《永不消逝的电波》、话剧《谷文昌》、豫剧《焦裕禄》、长篇报告文学《乡村国是》、文化节目《中国诗词大会》《典籍里的中国》……有温度、有筋骨、有力量的优秀作品层出不穷，重大主题文艺作品“爆款”频出，让我们看到文艺工作者为时代画像的热切身影，激发出广泛的情感共鸣。

2015年10月，《中共中央关于繁荣发展社会主义文艺的意见》出台，将“创作无愧于时代的优秀作品”作为重点内

■ 电视剧《觉醒年代》人物卡通形象文创

容展开论述。2021年3月，“十四五”规划和2035年远景目标纲要公布，点明了新时代文化发展的主要方向。提纲挈领式的文件相继出台，将文艺上升到国家战略的高度，为时代文艺的繁荣发展提供了有力的制度保障。

树立大历史观、大时代观，以社会主义核心价值观为灵魂，新时代文艺就要书写时代之美，彰显信仰之力，弘扬人间正道。文艺工作者们用心用情用功抒写伟大时代的点点滴滴，为时代画像、为时代立传、为时代明德，铸就了当代中国文艺的鲜明品格。

03 弘扬满满的“正能量”

2021 年 6 月 29 日，北京人民大会堂金色大厅，94 岁高龄、满头银发的蓝天野作为戏剧界唯一代表荣获党内最高荣誉——“七一勋章”。蓝天野生于 1927 年，原名王润森。

什么是“七一勋章”？

在中国共产党成立100周年之际，“七一勋章”以中共中央名义首次颁授。“七一勋章”授予在中国特色社会主义伟大事业和党的建设新的伟大工程中做出杰出贡献的党员，是由中共中央决定、中共中央总书记签发证书并颁授的党内最高荣誉。

首批“七一勋章”的获得者有：新时代青年党员干部的优秀代表黄文秀、奉献教育的时代楷模张桂梅、将一生献给人民文艺事业的文艺工作者蓝天野等29人。

1945年年初，离开家好几年的三姐突然从解放区回到北平开展地下工作，为迎接抗战胜利做准备，于是，他们家就成了党的地下联络点。在三姐的影响下，蓝天野开始参加革命工作，协助地下交通的同志运送物资、文件和宣传材料。1945年9月23日，蓝天野正式加入中国共产党。

◎●◎ 扎根人民、立足生活

从《北京人》里沉默寡言的曾文清，到《茶馆》里意气风发的秦二爷；从《蔡文姬》里风流倜傥的董祀，到《家》里道貌岸然的冯乐山……自 1944 年他首登话剧舞台参演剧作家曹禺的代表作《日出》开始，几十年间，蓝天野扎根舞台、潜心创作，在艺术生涯里留下诸多经典作品，为人民文艺事业奉献了一辈子。

1952年，中国第一所艺术院团——北京人民艺术剧院成立了。25 岁的蓝天野成为北京人艺第一批演员。蓝天野没有马上排戏，而是“下厂下乡”，用半年的时间去体验生活。他曾在北京琉璃河水泥厂干活，与工人师傅同吃同住同劳动。他们一起身穿石棉服，裹着湿透的厚棉被，冒着高温进入炉内，处理烧制水泥的转炉出现的故障。在下乡演出的空当，他主动帮助当地老乡做农活、喂牲口，与村民朋友们结下了深厚情谊。

为了演好老舍先生的名作《茶馆》，蓝天野走遍了北京城的大小茶馆，深入观察茶馆里“老北京”们的一举一动，说书人、店伙计，就连北京城内最后一位“老太监”都成为他采访和观察的对象。为了让“秦二爷”这一角色立得住，蓝天野特地找到一位民族商业企业家，了解他的经历和生活。在不断观察、领悟，反复酝酿、排练后，蓝天野逐渐“触摸”到这个角色。1958 年 3 月《茶馆》首演，“秦二爷”一亮相就震惊全场。“先体验，后排戏”，也成了蓝天野贯彻一生的“演戏秘诀”。

◎●◎ 搞艺术不要将就，要讲究

2011 年，北京人艺排演纪念建党 90 周年重点剧目《家》，蓝天野以84岁的高龄重返舞台，成为艺坛佳话。他说：“这么多年没登台了，当时心里的确有些忐忑，但只要剧院需要，我就要发好光和热。”

他总是来得最早、离开得最晚，一如多年来习惯的那样：只要有演出，下午四点多就到后台；演出结束后，慢慢

经典话剧《家》剧照

卸装。在一次排练中，他不慎摔伤，手指骨折，起身后第一句话却是：“对不住大家，让各位受惊了。”到了第二天，他又是早早来到排练厅带伤排练，一刻也不肯多耽搁。

“他（蓝天野）一举一动一投足，哪怕是一个坐、一个喝茶、一个起身，都有戏。”蓝天野的“讲究”体现在每一个细节上。为了塑造人物，他以剧中角色高老太爷的身份作了几首诗，并写在纸上。第一幕冯乐山出场时，手里拿的就是这些诗。虽然观众看不清，但无论是纸背浸出的墨痕，还是诗的词句，都增加了演出的真实感……

蓝天野以不“将就”的态度，创作出“讲究”的作品，为后辈演员做出了榜样。

◎●◎ 言传身教立榜样

2015年，88岁高龄的蓝天野执导瑞士剧作家迪伦马特的代表作《贵妇还乡》，每一位演员的每一个动作、每一句台词，他都仔细推敲，精心设计。他追求完美，哪怕是年轻演员的肢体动作不到位这样的小事，他都要亲自进行示范。“只要他在排练厅，他坚韧不拔的精神品质、严肃治戏的敬业精神就不断敲击着年轻演员的心灵。排戏时，老爷子的精

■ 蓝天野与《贵妇还乡》

神头儿比我们都好。”一提起蓝天野，身边的年轻人总是充满敬佩。

几十年间，蓝天野扎根舞台，以党和人民的需要作为自己的创作目标，以“只有小演员，没有小角色”的创作精神潜心钻研，先后在《明朗的天》《北京人》《茶馆》《关汉卿》等 70 余部话剧中成功塑造多个个性鲜明的人物形象，成为几代话剧观众心中的永恒记忆，更成就了戏剧表演领域的“中国学派”。

他执导了《山村新人》《救救她》《贵妇还乡》《吴王金戈越王剑》《家》等 10 余部话剧，并凭借话剧《吴王金戈越王剑》获北京市优秀导演奖。舞台谢幕，经典永存，蓝天野塑造的一个个生动角色，陪伴一代又一代观众成长，也将继续带给人们感动与力量。

“求木之长者，必固其根本；欲流之远者，必浚其泉源。”世世代代的中华儿女所培育和发展的独具特色、博大精深的中华文化，是在几千年历史流变中，中华民族之所以能够历经挫折磨难而愈挫愈勇、奋发奋起的强大精神支撑，是中华民族生生不息、长盛不衰的文化基因，也是实现中华民族伟大复兴的精神力量。党的二十大报告指出：“只有植根本国、本民族历史文化沃土，马克思主义真理之树才能根深叶茂。”继承、发扬中华优秀传统文化，筑牢中华民族的“根”和“魂”，我们在行动！

让优秀传统文化活起来、传下去

01 在敦煌，文化“活”了

莫高窟又称“千佛洞”，坐落于河西走廊西部尽头处的敦煌。莫高窟始建于十六国的前秦时期，历经北魏、隋、唐、宋、西夏、元等10个朝代兴建，历时千年，现有洞窟735个、壁画4.5万多平方米、泥质彩塑2400余尊，是世界上现存规模最大、内容最丰富的佛教艺术地，在石窟文化中享有崇高的历史地位。

“敦，大也；煌，盛也。”敦煌作为历史上文化交汇的重要枢纽，在千年时光中塑造、延续了独具魅力的敦煌文化，演绎了丰富多彩的敦煌故事。丝绸之路从这里经过，中西文化于此处荟萃，悠久的历史积淀，为研究中国古代各民族政治、经济、文化、社会、艺术、军事提供了珍贵史料。习近平总书记在敦煌研究院座谈时强调：“要通过数字化、信息化等高技术手段，推动流散海外的敦煌遗书等文物的数字化回归，实现敦煌文化艺术资源在全球范围内的数字化共享。”

◎●◎ 数字化让敦煌“青春永驻”

1978年，中国迎来了改革开放，古老的敦煌莫高窟也迎来了发展的春天。刚任敦煌文物研究所副所长不久的樊锦诗，分管莫高窟的保护工作。一次偶然的翻阅，樊锦诗看到1908年法国人伯希和拍摄的石窟照片，她震惊地发现，与70年前相比，当时洞窟内的壁画和彩塑等文物，或退化，或模糊，或丢失，颜色清晰度和文物完整度都差了一大截……

樊锦诗认识到，那些用泥土、草料、木料、矿物颜料、动物胶制作出来的壁画和彩塑其实非常脆弱。风沙、湿气、游人，无时无刻不在消磨着莫高窟的“美貌”，樊锦诗用“和时间赛跑”来形容莫高窟的文物保护工作，她知道，敦煌文物的老化是不可逆转的自然规律。当色彩褪去、壁画残缺，难有什么能在世上称永存，哪怕是已静默矗立千年的敦煌莫高窟。

难道就眼睁睁地看着世界上独一无二的石窟艺术逐渐

■ 樊锦诗，文物有效保护的探索者

消亡吗？敦煌人要想尽一切办法，延长敦煌的寿命。20世纪80年代末，事情有了转机——樊锦诗去北京出差，看到有人在使用电脑向她展示图片。电脑的操作者告诉她："图像数字化后存储在计算机中可以不变。"经过反复琢磨，一个前卫而又宏大的构想渐渐明晰起来：要为敦煌莫高窟的每一个洞窟、每一幅壁画和每一身彩塑建立数字档案。"永久保存，永续利用"，这造就了后来中国文化遗产保护的新范式——数字敦煌。

经过30余年的发展探索，敦煌研究院形成了一整套适合敦煌石窟数字化保护的关键技术和工作流程，以数字化的采集与保存措施形成了完整的敦煌石窟数字档案。截至2021年年底，"数字敦煌"项目已经累计完成莫高窟268个洞窟的数字化采集，7处大遗址和45身彩塑的三维重建。先后上线中英文版“数字敦煌”资源库，实现了敦煌石窟30个洞窟高清图像的全球共享……敦煌石窟在数字中“青春永驻”。

◎●◎ 把敦煌艺术搬出莫高窟

1979年，敦煌莫高窟正式对外开放，吸引了来自世界各地成千上万的游客前来参观，数据显示，1984年游客10万人次，1998年20万人次，2001年突破30万人次，2004年突破40万人次，2006年突破50万人次……参观人数逐年攀升，也给莫高窟的保护带来了压力。“不让看不行，但是看坏了以后还看什么？必须把旅游和保护结合起来。”那应该怎么结合呢？这是一个棘手的问题。

把敦煌艺术搬出莫高窟——敦煌人给出了答案。2016年5月1日，“数字敦煌”资源库上线。通过登录“数字敦煌”，全球各地的网友都可360°欣赏石窟内部跨越了北魏、西魏、北周、隋、唐等10个朝代的30个洞窟壁画的高清数字图像，以及有关壁画的文字介绍，并进行虚拟漫游体验。

2020年，敦煌研究院又推出了“云游敦煌”小程序。在展现精美的敦煌壁画的同时，还实现了敦煌艺术“游览+实践”的数字拓展。“壁画病害种类知多少”栏目，将起甲、空鼓等壁画保护中的病害逐一科普；“探索”板块，不仅拥有全景洞窟探索功能，还能按朝代、色彩、艺术形制等多种线索分类，加深了观众对敦煌艺术的理解。截止到 2021年年底，“云游敦煌”小程序整体访问量突破 5000 万人次。敦煌瑰宝数字化，把敦煌艺术搬出莫高窟，让人们在须臾之间抵达敦煌。

◎●◎ 千年壁画“活”了

“融迦陵仙鸟为灵，汇壁上丹青为意。大家好，我是敦煌仙子伽瑶。”2022年6月15日，位于甘肃兰州市的敦煌艺术馆内，伴着复原古乐风韵的原创音乐，一位飘然灵动的女孩从大荧幕上向着游人款款而来。抱笙式、演奏式、反弹琵琶式、吹笛式轮番上演，为游人展示了专业的敦煌舞表演。人们惊呼：“敦煌壁画，活了！”

伽瑶，是敦煌研究院推出的莫高窟官方虚拟人物。伽瑶的原型，来自敦煌莫高窟壁画中声音婉转如歌的神鸟“迦陵频伽”。服装纹饰及配色等设计灵感来自《都督夫人礼佛

图》中的供养人和莫高窟第 217 窟《观无量寿经变》中的菩萨。伽瑶的形象着重体现古典气韵，不仅能实时做出表情，连头发、衣服、配饰都经过了精心打磨，能像现实中一样随风而动。未来，她将成为“云游敦煌”首位数字讲解员，还会以展览虚拟直播、丝路文化科普、IP 创新跨界合作等方式与大众见面，带来更丰富的文化内容互动。

余秋雨在《文化苦旅》中写道：“看莫高窟，不是看死了一千年的标本，而是看活了一千年的生命。” 飘逸的飞天、端庄肃穆的佛像、虔诚的供养人…… 敦煌文物超越时间和空间的阻隔，逐步走向“永久保存、永续利用”，在技术加持下重获新生，于数字世界中熠熠生辉，焕发出崭新的生机与活力。

02 >>> 用手机在线“爬长城”

“盘踞在重峦叠嶂间，蜿蜒在大漠黄沙上。”长城是我国现存体量最大、分布最广的文化遗产，被视为中华民族的“脊梁”。近年来，数字技术的运用成为文化遗产保护传承的重要手段，让长城文化和长城精神走向世界、走进千家万户。借助数字技术和互联网优势，不仅实现了对历史新的书

名言“不到长城非好汉”始于何人?

答：毛泽东。1935 年 9 月，毛泽东同志率领红军进入甘肃南部，在敌人的层层堵截中，红军以“不到长城非好汉”的英雄气概，胜利越过长征路上最后一座高山——六盘山，抵达陕北。在此途中，毛泽东挥笔写下《清平乐 · 六盘山》。全词为：“天高云淡，望断南飞雁。不到长城非好汉，屈指行程二万。六盘山上高峰，红旗漫卷西风。今日长缨在手，何时缚住苍龙?”

写，更开创了一种文化遗产保护的崭新模式。

◎●◎ 长城保护的新思路

长城就在我们身边，它曾是发行量最大的八分邮票的主题，是南极科考站“长城站”名字的由来。它以上下两千年、绵延数万里的时空跨度，成为人类历史上宏伟壮丽的建筑奇迹和无与伦比的历史文化景观，它是中华民族的代表性符号与中华文明的重要象征。然而，所有伟大的人类遗存都有面对消亡的风险，作为规模最大的人类建筑遗迹，长城的多样性及其所包含的历史信息，甚至在人们走近之前，就已经被时间和自然的力量逐渐带走。

“文物保护最终的目标，其实就是两个字——活着，不让它消失掉。”谈及保护长城，北京市考古研究院副研究员尚珩说道。随着数字技术的发展进步，学界关于长城保护观念的逐渐成熟，长城保护有了解决难题的新思路——数字长城。数字长城是长城在数字世界的重建和孪生，是长城在数字世界中的原件，与影视记录中单向度的资料相比，它拥有更自由的视角和更多的应用场景，实现了人与长城专业级别的互动。

长城保护的难度

2019 年实施的《长城保护总体规划》，将长城墙体遗存保存现状分为五个等级：较好、一般、较差、差、消失。其中，保存现状差即濒临消失的和已经消失的，约占总数的 51.2%。

“点多、量大、人少、钱乏”，作为我国规模最大的文化遗产，长城保护遇到的难题之多、情况之复杂绝无仅有。

风雨侵蚀、地质灾害、旅游开发、不当修缮，自然、人为等诸多因素的存在也无疑增添了长城保护的难度。

◎●◎ 在云端，畅游长城

重山叠嶂处，有巨龙漫卷；随着镜头视角的抬升、放大，画面中的长城恢宏磅礴，向着远方水天相接处漫溯蜿蜒。这不是什么无人机实拍的画面，而是中国技术人员在海量激光扫描数据的基础上，在虚拟世界里用游戏引擎搭建出来的数字长城，这里的一砖一瓦，山峦起伏，都一比一还原了长城现实里的模样。

2022年6月，“云游长城”正式上线，为公众解锁了数字技术在文保领域的创新应用。通过一部手机，打开“云游长城”小程序，就能立即穿越到河北喜峰口西潘家口段长城，在线云端“爬长城”和“修长城”。这是全球首次将云游戏技术运用于人类文化遗产保护的有益尝试，也是对以长城为代表的中国文化遗产保护工作的重要探索。

在“云游长城”微信小程序内，用户通过利用游戏技术生成的“数字长城”，可直观体验影视级超写实的沉浸式场景。光线追踪、实时渲染、模拟攀登，视听感官上的多种拟真效果体验，让人如同身临其境。同时，用户还可以通过考古清理、砌筑、勾缝、砖墙剔补和支护加固等简单有趣的线

河北承德潘家口长城

上互动，了解长城保护和修缮知识。此外，用户的线上参与还可以转化为线下公益，“云游长城”设置知识答题环节，用户参与互动后可获得“小红花”，这些“小红花”通过公益平台配捐的方式用于支持相应的文保项目。

◎●◎ 遗产保护的重要探索

2021年年底，国务院办公厅印发《“十四五”文物保护和科技创新规划》，明确提出要加强文物科技创新。2022年，中共中央办公厅、国务院办公厅印发了《关于推进实施国家文化数字化战略的意见》，鼓励多元主体依托国家文化专网，共同搭建文化数据服务平台；大力发展线上线下一体化、在线在场相结合的数字化文化新体验。

有关专家认为，长城保护是一个系统工程，离不开全社会的共同努力和广泛参与。“云游长城”拉近了公众与长城的距离，引导大众积极参与长城保护，是推动中华优秀传统文化创造性转化、创新性发展、讲好中国故事的一次有益尝试。

作为技术公益的一种探索，“云游长城”用逼真、普适的场景，让更多人得以沉浸式体验长城的雄伟壮观，切实感受保护长城和修缮长城的重要性。随着数据量的增大、数字技术的进步，今后这样的虚拟世界必定更为完善。人类借助科技的力量身临伟大的人类奇迹之中，也不再只是遥远的幻想。“云游长城”是长城数字化的“一公里”，也是中国数字文保探索的一大步，科技创新，会让更多人共享中华文化数字化的成果。

03 走进神奇的鱼皮文化

赫哲，意为居住在东方及江下游的人们。赫哲族是我国东北地区历史悠久、人口最少的少数民族之一，世代居住在黑龙江、乌苏里江、松花江流域交汇而成的三江流域，因其生活区域是祖国的东方，赫哲族也被称为“守望太阳的民

“乌苏里江来长又长，蓝蓝的江水起波浪，赫哲人撒开千张网，船儿满江鱼满舱。”一首脍炙人口的《乌苏里船歌》，让世代以渔猎为生的赫哲族广为人知。蓝蓝的江水波浪依旧，但世代逐水而居、以渔为业的赫哲族人的生活早已发生了翻天覆地的变化。如今，在党和政府的支持下，赫哲族人走上了种植、养殖、旅游业多元并举的发展道路，实现了全面脱贫。现在乡亲们的生活，比歌里唱得更美好！

族”。三江交汇的水域环境、丰富的鱼类资源，塑造了颇具民族色彩、文明成果琳琅满目的神奇赫哲渔业文化。

◎●◎ 把鱼皮穿在身上的神奇文化

“衣鱼兽皮，陆行乘舟。”世代伴水而居的赫哲族，形成了本民族独特的渔业文化。鱼，不仅出现在赫哲族人的生产生活、饮食文化中，也在他们的服饰上发挥着奇特的魅力。赫哲族是全世界穿用鱼皮服饰时间最长的民族之一，也是至今为止世界上唯一一个仍保留有鱼皮制作技艺传承的民族。

制作鱼皮衣过程繁琐复杂，历经选料、剥皮、晒干、煮软、建材、缝制等十几道工序，通常要耗费两个月左右的时间才能做成。衣上绣有云纹、水波纹、动植物图案花边等吉祥图案，并用野花汁染色，搭配贝壳、铃铛等饰物，形成独具特色的装饰风韵。鱼皮做成的衣服结实耐用，保暖防寒作用强，适宜赫哲族长期从事打猎、捕鱼等劳动时穿，是早期赫哲族生活中实用的穿着方式，有着独特的审美情趣。

如今，鱼皮衣正以更加年轻、新潮的姿态面向世界，被越来越多的人所了解和喜爱，向人们展示着其所蕴含的无限

■ 穿鱼皮衣的少年

“时尚”可能性。2006年鱼皮衣的制作工艺更是被列入国家级非遗文化保护行列中。将鱼皮衣穿在身上，穿的是赫哲族源远流长的文化印记，一针一线中无不展现着这个古老民族生生不息的文化魅力。

◎●◎“伊玛堪”——赫哲族的无字史诗

“伊玛堪”为赫哲语音译而来，起源于赫哲人对于鱼的图腾崇拜，是赫哲族流传的一种古老的说唱艺术。“伊玛”

意为“渔歌”或“鱼歌”，指捕鱼劳动结束后，在渔滩上唱的歌、讲的故事，也形容人们像鱼一般聚集在一起，用不同形式来表达人们的心情，自娱自乐，消磨长夜。“堪”，有“本地人的歌”之意。“伊玛堪”就是指在三江流域以捕鱼为生的赫哲族人之歌。

从内容上来说，“伊玛堪”主要是以讲述英雄复仇、降妖伏魔、捕鱼狩猎、向往幸福、追求爱情等内容的即兴创作；从形式上来说，“伊玛堪”兼有散文与韵文的美感，说段、唱段交替编排。“伊玛堪”歌手以惊人的想象力、朴实丰富的民间口语、生动的比喻，模仿各种人物、动物的对话，活灵活现的表演使听者如同身临其境。无论是在苦难的岁月里，还是在欢乐的喜庆节日中，无不给人以快乐、安慰和振奋。

“伊玛堪”完好地保持了赫哲族的语言，反映、记录了赫哲族的历史，弥补了赫哲族无文字记载历史的不足，被称为“赫哲族百科全书”，可以从中追溯赫哲先民的生活状态、宗教习俗。作为赫哲族特有的说唱艺术，它代表着赫哲族的文化传承，伴随着赫哲族实现了从渔猎游牧到定居农耕，再到迈向小康的历史性跨越。2006年5月20日，“伊玛堪”经国务院批准被列入第一批国家级非物质文化遗产名录；2011年，“伊玛堪”被联合国教科文组织列入世界级非物质文化遗产名录。

◎●◎ 唱响新时代的“赫哲渔歌”

从黑龙江省同江市出发，沿着蜿蜒曲折的黑龙江一路向东行驶140余千米，便到了八岔赫哲族乡——我国少数民族赫哲族的发祥地、聚居地。在这里，良禽异鸟蕴藏，“三花五罗”颇负盛名。2016年5月24日，习近平总书记来到八岔赫哲族乡八岔村看望广大群众。他赞扬悠久、丰富的赫哲族文化，为优秀文化代代传承感到由衷的高兴。习近平总书记点赞赫哲族传统文化后，越来越多的人开始学习、传承赫哲族传统文化。在各级政府的扶持下，如今赫哲族聚居地建成了“伊玛堪”传习所，上至耄耋老人、下至垂髫儿童，学员们传承优秀传统文化的热情高涨。

在同江市街津口赫哲族乡主街，孙玉林和他的爱人常年经营着一家制作鱼皮、鱼骨画的小店。小店的墙上挂满了孙玉林老师制作的鱼皮、鱼骨画工艺作品，大小不等，栩栩如生。孙玉林坦言：“工艺品是承载民族文化的平台，我要把它做好，让更多的人了解赫哲，走近赫哲。”鱼皮技艺传承

■ “赫哲匠人”孙玉林用鱼皮剪出新生活

人刘志红介绍说，他们每个月都定期开办鱼皮、鱼骨工艺品制作培训班，鱼皮画制作学习班人数多时可达30余人，未来还希望多开办几个班，努力“让更多的人学习鱼皮画制作技艺，让更多的人知道赫哲族文化，传承赫哲族文化”。

世界上没有两片一样的雪花，这些独特的雪花在漫天飞舞中，构成了隽美的冬日图景。讲好中国故事、传播好中国声音，需要一扇扇文化交流的窗、展示的窗。透过这扇窗，来自世界上不同国家、民族的手紧紧相握。让世人在感受唯美、诗意、浪漫的中国意境，体会坚韧不拔、积极向上的中国精神的同时，一起并肩共进，朝向未来。

8 讲好中国故事、传播好中国声音

01 >>> 当冬奥盛会遇见中国文化

2022年春，北京冬奥会、冬残奥会成功举办。从“奥运三问”到“双奥之城”，这是中华大地百年沧桑巨变的历史缩影，也是中国共产党带领中国人民迈向中华民族伟大复兴的生动注脚。五环旗下汇聚五洲宾朋，中国气质与奥林匹克

什么是“奥运三问”？

“奥运三问”诞生于20世纪初，当时中华大地积贫积弱。“奥运三问”是：

中国人什么时候能够派运动员去参加奥运会？

中国运动员什么时候能够得到一块奥运金牌？

中国什么时候能够举办奥运会？

为了回答这“奥运三问”，一代代中国人不断努力、拼搏，用一百年的时间交上了属于中国的满意答卷。

精神交相辉映。北京冬奥会的成功举办，向世界展现了阳光、富强、开放、充满希望的国家形象。当冬奥盛会遇见中华文化，二者会碰撞出什么不一样的火花呢？让我们一起来看看吧！

◎●◎ 开幕式的中国智慧

北京冬奥会的开幕式，吸引了亿万人的目光。一滴墨晕染开来，幻化成“黄河之水天上来”的奔腾气象；一方水从中央升起，凝结成晶莹剔透的“冰立方”；破冰而出的奥运五环、大如席片的燕山之雪，中国元素和奥运赛事完美结合，一点一滴尽显中华优秀传统文化的魅力和精髓。总导演张艺谋表示，冬奥会开幕式的每一分钟，都写满了中国文化。

引导员手持的雪花造型引导牌，采用中国结同款式古老手工编织工艺，从头到尾用一根线编成，寓意团结吉祥，与“更团结”的奥林匹克格言相映成辉；冰雪雕刻的“中国门”和“中国窗”敞开迎接各国运动员，它们取材于各地的经典传统门窗图案，是中国传统文化的符号象征；以点点“微火”点燃奥运主火炬，颠覆传统的点火仪式，传达低碳

■ 北京冬奥会的主火炬

环保的理念，更显深厚传统文化底蕴，成就奥运史上的经典瞬间；节目《闪亮的雪花》，660名小表演者汇聚成心形，手手相握带回迷途小鸟，寓意同宗同源的手足深情，中国一“点”儿都不能少。

2008年北京奥运会，用世界语言讲述中国五千多年的文明历史；2022年北京冬奥会，用中国声音讲述新时代中国对人类命运共同体的理解、期待和展望，从“我”到“我们”，从“讲历史”到“讲未来”，中国的文化自信就是在这种真实、立体和全面的展示中不断深化、不断具体。

◎●◎ 冰墩墩风靡海内外

“抖雪花、打雪仗、4A跳摔倒……”，随着北京冬奥会的开幕，吉祥物冰墩墩以其憨态可掬的可爱形象，“圈粉”无数，成为冬奥“顶流”，一举一动都牵动着人们的目光。

冰墩墩有多受欢迎？奥地利单人雪橇运动员莉萨·舒尔特发布在社交平台上的多条有关冰墩墩的视频，总浏览量超过800万，甚至她在睡觉的时候都要抱着冰墩墩一起入眠；在一则网络热传的视频中，日本记者辻冈义堂开心地掀开衣服展示他的冰墩墩徽章，听说冰墩墩来到场馆，他立马放下手中的工作，化身迷弟“求”合影；奥林匹克官方旗舰店冰墩墩周边产品不断售罄，可谓“一墩难求”……

网友笑言“尽快实现一户一墩”的呼声背后，蕴含的是人们对冰墩墩溢于言表的喜爱之情；各国记者、运动员争相晒出冰墩墩的骄傲中，展现的是中国文化强大魅力。

冰墩墩为什么能走红？首先，冰墩墩的形象来源于我国国宝——大熊猫，软萌萌、圆滚滚，其憨态可掬的可爱形象成为中华文化的象征，深受世界人民喜爱。其次，看起来萌

冰墩墩深受人们喜爱

态十足的冰墩墩，外壳融合了冰晶、国家速滑馆“冰丝带”等诸多元素，体现出冰雪特色和满满的现代感、科技感。另外，冰墩墩造型多样，美观实用，既有高山滑雪、花样滑冰、雪车运动等多种运动姿态，又有枕被、徽章、贴纸、摆设的不同款式，动静相宜，令人倾心。可以说，“一墩难求”现象的背后，不只代表一个吉祥物的走红，更彰显了中华文化的“圈粉”能力。

◎●◎ 冬奥舞台镌刻“中国风范”

北京冬奥会是一场体育盛会，亦是一场文化盛宴。从开幕惊艳的“二十四节气倒计时”“黄河之水天上来”等文化展示，到灵感来源于汉代篆印、设计感满满的冬奥会体育图标，再到颁奖典礼上身着“瑞雪祥云”“鸿运山水”“唐花飞雪”的礼仪人员托起宛如同心圆玉璧的冬奥奖牌……当冬奥盛会与中国文化相遇，一系列饱含巧思的中国元素将东方

■ 脚踩星光，与“和平鸽”共舞

故事描绘讲述，实现了中华文化与冰雪盛会、体育文化的完美结合，在奥运史上留下了浓墨重彩的一笔。

回首2004年雅典奥运会闭幕式上，“北京八分钟”用传统民乐、中国功夫、国粹京剧演绎“从奥林匹亚到万里长城”的历史性传递；又忆2008年北京奥运会开幕式，“敦煌飞天”“夸父逐日”，活字印刷术字块起伏，刻印祥云图案的奥运火炬将中华文化传递接力；再看2022年北京冬奥盛会，“冰丝带”“雪如意”，吉祥物风靡海内外，“一城双奥”，举世无匹。中华优秀传统文化就这样一次次登上世界舞台，在奥运盛会上刻印下无法抹去的中国风范，讲述着中国故事，彰显着中国风采，传递着中国自信，促进了世界文化交流发展，也为世界文化带来了新的生机和活力。

02 德国“伯乐”中文合唱团

位于德国西部传统工业带鲁尔区埃森市的伯乐高级文理中学，有着一千多年的历史，是德国最古老的12所公立高级文理中学之一。学校在1994年就开设了中文课程，是埃森市唯一一所开设中文课并组织中文高中毕业考试的学校。2020年年初，合唱团录制了中文歌曲《让世界充满爱》。师生们一边歌唱，一边举起手写的“热干面加油”“我要去看武汉樱花”等中文标语牌，为中国人民抗击疫情加油。让我们来认识一下这群可爱的人吧!

德国中学响起中文歌声

“我们都需要爱，大家把手都牵起来。” 2022年北京冬奥会前夕，德国伯乐高级文理中学中文合唱团的朋友们，合作录制了歌曲《一起向未来》，用优美而饱含真挚情感的歌声，唱出了中德青年对北京冬奥会的热切期盼和美好祝福，打动了无数中国网友。网友们纷纷为这些年轻的外国小伙伴儿“打call”，更有人称赞道：“他们中文发音标准，闭上眼根本听不出是外国人在唱中国歌。”

《一起向未来》是德国伯乐高级文理中学中文合唱团演唱的众多中文歌曲之一。2020年起，合唱团的师生们曾一起演唱《让世界充满爱》《疫情过后》等中文歌曲，火爆网络，为疫情灰暗的底色涂抹上希望和光明的色彩。远在万里

“一起向未来”（Together for a Shared Future）是2022年北京冬奥会和冬残奥会主题口号。

这是中国向世界发出的真诚邀约，传递出14亿中国人民的美好期待：在奥林匹克精神的感召下，与世界人民携手共进、守望相助、共创美好未来。

在全球应对疫情的环境下，这一口号彰显了奥运会团结世人克服挑战、共创人类未来的力量，表达了人类唯有同舟共济、守望相助，方能共渡难关、共迎美好未来的憧憬和期待。

之外的德国中学为什么会有中文合唱团？这所名为“伯乐”的学校和中国又有着怎样的渊源？带着这些问题，让我们一起走近这个唱响中国的德国“伯乐”合唱团。

◎●◎ 发掘中文教学的“伯乐”

学校的中文名为“伯乐”，源自中国驻德大使的一次访问。2014年年初，时任中国驻德国大使史明德到访鲁尔区并参观伯乐高级文理中学。在交流中，校方提出请大使为学校进行中文命名的请求。2014年正值中国的农历马年，加上德文校名“Burggymnasium”的“Burg”与中文“伯乐”发音相近，史明德便取用“伯乐”二字为学校命名，寓意学校能够像伯乐一样发现和培养懂中文的“千里马”，为中德友谊和文化交流打下坚实基础。

> 伯乐是谁？伯乐是春秋时期秦国人，他善于相马，能够发现千里马。后来人们把善于发现和选用人才的人称为伯乐。

伯乐中学中文合唱团是受彭丽媛教授的启发而成立的。2014年3月，国家主席习近平夫人彭丽媛来校访问，在交流中有同学问到“如何才能提高自己的中文发音”，彭丽媛教授推荐大家可以通过多唱中文歌曲来提高中文的发音水平。在彭丽媛教授的鼓励下，伯乐中学成立了德国唯一一支中学生中文合唱团，学习演唱中文歌曲，更好地补充和促进了中文教学。合唱团的学生们每周六定时到学校排练，这些辛苦和努力都卓有成效。在过去几年里，合唱团多次出现在中德重要的外交场合，成功完成多场中文合唱表演，留下了热情洋溢的歌声，堪称中德友好关系的缩影。

◎●◎ 架起心与心相通的桥梁

如今，伯乐中学200多名高中生中，有近一半的学生选修中文课程。该校赴华参加游学和交流活动的学生络绎不绝，其中不少学生在进入大学后选择中国方向的学习和研究。中文教学成为伯乐中学最大的亮点之一，甚至还吸引了周边地区学生慕名参加学习。伯乐中学中文合唱团则从音乐文化方面更好地补充和促进了中文语言教学。每次学习新歌之前，合唱团的老师都会把歌词翻译成拼音和德语，给大家讲解歌曲的背景信息和相关的中文知识，以便同学们演唱时能够更好地理解和诠释歌曲。

学校还在上海、昆明联系伙伴学校，定期组织师生前往中国游学。约瑟菲娜·马丁的姐姐莱蒂齐亚·马丁（中文名马洁雅）就曾参加2016年10月的游学活动。在马丁这个德国家庭中，先后就读于伯乐高级文理中学的兄妹4人都有中文名字，并且热爱学习汉语，在当地传为美谈。“文化交流是建立在相互信任、理解包容的基础之上的。学习对方国家的语言是增强文化沟通、增进友谊的重要前提。”伯乐高级文理中学前任校长司空佩岩这样说道。

03 >>> 走红海外的中国文化

让中华文化走向世界，是建设社会主义文化强国的必然选择。习近平总书记在亚洲文明对话大会开幕式上指出："今日之中国，不仅是中国之中国，而且是亚洲之中国、世界之中国。"近年来，在中华文化对外传播的过程中，涌现出一批颇具代表性的优秀案例：传统手艺、短视频、网络文学、音乐戏曲等纷纷出国，在海外圈粉无数，让世界了解了真实的中国、真实的中国文化。这些中华文化在海外有多火？让我们一起来看看吧！

◎●◎ 一堂全球共享的中文课

2022年4月20日，在央视《开讲啦》联合国中文日特别节目——"全球共上一堂中文课"上，来自42个不同国家和什么是联合国中文日?

2010年4月20日，是这年的谷雨时节。作为二十四节气中的第六个节气，象征着春的结束，也预示着夏的来临。相传在这一天，仓颉作书而“天雨粟，鬼夜哭”，为纪念“中华文字始祖”仓颉造字的贡献，2010年联合国宣布将每年的4月20日定为“联合国中文日”。随着我国综合国力的不断增强，中文的“朋友圈”持续扩大，中文已经成为中华优秀传统文化联通世界的一张亮丽名片，成为全世界了解中国的一个文化窗口。

地区的100余名中文学习者代表、国际中文教学者和志愿者代表，参与了线上讨论。

“一把把把把住了。请问这四个‘把’有什么区别？”

“第一个‘把’就是表示‘很快’的意思，是个量词……最后一个‘把’意思是‘抓住了’，是个动词。”

主持人的话音刚落，西班牙留学生苏诺伊就紧接着回答了起来。这一问一答，让在场的嘉宾无不感叹于中文的神奇与独特魅力。

“中文是好看的，也是好听的”，现场的主讲嘉宾、北京大学赵杨教授从汉字入手，向观众阐释中文的美。汉字具有字形美，他举例说，“囧”本是生僻字，原意“光明”。因其“像坐在狭窄屋房中愁眉苦脸的人”的独特字形，又被赋予了尴尬、窘迫、无奈的新意，再次焕发活力。汉字还有韵律美，就如古诗《登高》中，“无边落木萧萧下，不尽长江滚滚来”，平仄工整，字形呼应，把汉字的字形特点和声音特点发挥到极致，不仅看上去漂亮，读起来也舒服，意境也优美。

来自阿塞拜疆巴库国立大学的学生安黎雅表示：“我和所有学中文和喜欢中国文化的朋友组成了一个大家庭，大家尊重世界文化的多样性，更通过学习中文学会用不同文化视角看待世界，这是最大的收获。”

◎●◎ 在海外掀起“中国风”

“三月桃花开，酿制桃花酒；五月枇杷熟，摘做枇杷酥。”2019年，“90后”博主李子柒走红海外，成为中国文化汪洋大海中涌起的一朵时代浪花，美丽了中国，影响了世界。她把所有美好倾注于传统美食，用双手变废为宝。老宅拆下来的旧木板经由她手成了精致物件儿，旧石槽作洗脸盆只需摆弄三两下、刷层桐油，就成了有质感的洗手台。养蚕、缫丝、刺绣、竹艺……李子柒以带有鲜明意象的中华传统文化为内容主题，搭配低沉悠扬的国风曲调，成功塑造了一种诗意的山居生活情境。在乡野山涧之间、春风秋凉的轮替之中，呈现出中国人传统而本真的生活方式，给人们以心灵的慰藉与归属，让世界理解了一种生活着的中国文化，这也是国风文化在海外“圈粉”无数的秘诀。

无独有偶，视频网站上拥有800多万粉丝的“滇西小哥”，将竹筒饭、云腿酥、酸角糕等自耕自种、自养自产的云南美食，配搭滇西村景，介绍给海外观众，向海外观众送去别具特色的云南风味。中国舞者杨柳，将芭蕾和黔北民间绝技独竹漂相结合，在国外视频网站上获得了几十万的播放量，吸引许多海外媒体争相报道，许多外国观众被这种于竹子上绽放的东方美韵所震撼。此外，还有中国民乐、中国服饰、中国工艺等中华文化在海外掀起了中国风。

◎●◎ 老手艺焕发新活力

“整棵几米长的竹子，用柴刀一剖两开，双手掰成四条，镰刀再剖成八条……”观众的眼睛还没来得及跟上，

舞者杨柳在表演独竹漂

碗口粗的竹子就变成了上百根坚韧的竹丝，长短粗细不差分毫。整个过程如行云流水般顺畅，没有什么花哨的动作，更不需要什么测量工具，只需双手便将竹子分成均匀纤细的竹丝。

类似的竹编视频，在海外平台还有很多，播放量已经轻松破亿。老师傅们把平常的竹子编成日常用品，成为外国网友眼中的神奇中国力量。一度被忽视的农村老手艺再次得到广泛关注，借着互联网的东风，走出大山，走向国外，让人们认识到传统文化的价值。

用68个废弃易拉罐，耗时60天仿制苗族头饰；用3000颗坚果壳，耗时45天制成“黄金”盔甲。“85后”四川姑娘雁鸿将作品制作过程拍成视频播放，受到了海内外网友的追捧与喜爱。从非专业出身，靠着天赋与兴趣自学的手工爱好者，到师从非遗传人学习花丝镶嵌传统

技艺的手艺匠人。雁鸿在对手工技艺的不断精进中，创新、发扬着中国传统手工文化。

2019年，雁鸿受邀请去牛津大学做演讲。她以“中国创作的一万种可能”为演讲主题，向国际友人分享了国风手工艺作品的创作理念和自己的独特经历。她还表示：“我想在把我们传统文化的美分享出去的同时，也把我在国内看不到的东西学回来。”越来越多的手工艺人被看见、被记录、被分享、被认同，传统手艺“漂洋过海”，焕发出新的生机与活力。

后记

文化是一个国家、一个民族的灵魂。进入新时代，文化在振奋民族精神、维系国家认同、促进经济社会发展和人的全面发展等方面作用充分凸显。青少年是祖国发展和社会进步的重要力量，也是坚定文化自信的重要阵地。他们能否将社会主义核心价值观铭记于心，能否为优秀传统文化固“根”守“魂”，能否坚定文化自信，不但影响自身的成长发展，也影响着中华文脉的延续传承和发展走向。为提升青少年的文化认知、文化自觉、文化实践和文化创新能力，使青少年既有本土文化情怀，又有国际文化视野，以适应新时代的文化自信要求，我们特编写《文化的自信》一书。

本书是“新时代讲给少年听”丛书中的一册，王炳林教授负责拟定本丛书的大纲并修改定稿，我做了一些丛书的组织协调工作，并审阅、定稿了《文化的自信》一书。参与本书撰写的有北京师范大学马克思主义学院的部分研究生，其中马雪梅负责第一章、第二章的撰写；李怡然负责第三章、第四章、第五章的撰写；蔡学良负责第六章、第七章、第八章的撰写；王子环负责框架修改完善。大象出版社对本书的出版给予了大力支持，责任编辑孟建华、崔征提出许多宝贵修改意见，在此一并表示感谢。由于水平有限，本书难免存在不足之处，敬请各位专家、学者和广大读者批评指正！

冯留建

图书在版编目(CIP)数据

文化的自信 / 冯留建编著. — 郑州 : 大象出版社,
2023. 10
(新时代讲给少年听 / 王炳林主编)
ISBN 978-7-5711-1870-9

Ⅰ. ①文… Ⅱ. ①冯… Ⅲ. ①爱国主义教育-中国-少年读物 Ⅳ. ①D647-49

中国国家版本馆 CIP 数据核字(2023)第 185043 号

新时代讲给少年听
文化的自信
WENHUA DE ZIXIN
王炳林 主编
冯留建 编著

出 版 人 汪林中
丛书顾问 王承哲 闫德亮
策　　划 张桂枝 孟建华
项目统筹 丁子涵
责任编辑 孟建华 崔 征
责任校对 陶媛媛
美术编辑 王晶晶
装帧设计 谢俊平

出版发行 大象出版社(郑州市郑东新区祥盛街 27 号　邮政编码 450016)
发行科　0371-63863551　总编室　0371-65597936
网　　址 www. daxiang. cn
印　　刷 河南新华印刷集团有限公司
经　　销 各地新华书店经销
开　　本 890 mm×1240 mm　1/32
印　　张 5. 5
字　　数 88 千字
版　　次 2023 年 10 月第 1 版　2023 年 10 月第 1 次印刷
定　　价 25. 00 元

印厂地址　郑州市经五路 12 号
邮政编码　450002　　电话　0371-65957865